编委会

高等学校"十四五"规划酒店管理
与数字化运营专业新形态系列教材

总主编

周春林　全国旅游职业教育教学指导委员会副主任委员

编　委（排名不分先后）

臧其林　苏州旅游与财经高等职业技术学校党委书记、校长，教授
叶凌波　南京旅游职业学院校长
姜玉鹏　青岛酒店管理职业技术学院校长
李　丽　广东工程职业技术学院党委副书记、校长，教授
陈增红　山东旅游职业学院副校长，教授
符继红　云南旅游职业学院副校长，教授
屠瑞旭　南宁职业技术学院健康与旅游学院党委书记、院长，副教授
马　磊　河北旅游职业学院酒店管理学院院长，副教授
王培来　上海旅游高等专科学校酒店与烹饪学院院长，教授
王姣蓉　武汉商贸职业学院现代管理技术学院院长，教授
卢静怡　浙江旅游职业学院酒店管理学院院长，教授
刘翠萍　黑龙江旅游职业技术学院酒店管理学院院长，副教授
苏　炜　南京旅游职业学院酒店管理学院院长，副教授
唐凡茗　桂林旅游学院酒店管理学院院长，教授
石　强　深圳职业技术学院管理学院院长，教授
李　智　四川旅游学院希尔顿酒店管理学院副院长，教授
匡家庆　南京旅游职业学院酒店管理学院教授
伍剑琴　广东轻工职业技术学院酒店管理学院教授
刘晓杰　广州番禺职业技术学院旅游商务学院教授
张建庆　宁波城市职业技术学院旅游学院教授
黄　昕　广东海洋大学数字旅游研究中心副主任/问途信息技术有限公司创始人
汪京强　华侨大学旅游实验中心主任，博士，正高级实验师
王光健　青岛酒店管理职业技术学院酒店管理学院酒店管理与数字化运营专业负责人，副教授
方　堃　南宁职业技术学院健康与旅游学院酒店管理与数字化运营专业带头人，副教授
邢宁宁　漳州职业技术学院酒店管理与数字化运营专业主任，专业带头人
曹小芹　南京旅游职业学院旅游外语学院旅游英语教研室主任，副教授
钟毓华　武汉职业技术学院旅游与航空服务学院副教授
郭红芳　湖南外贸职业学院旅游学院副教授
彭维捷　长沙商贸旅游职业技术学院湘旅学院副教授
邓逸伦　湖南师范大学旅游学院教师
沈蓓芬　宁波城市职业技术学院旅游学院教师
支海成　南京御冠酒店总经理，副教授
杨艳勇　北京贵都大酒店总经理
赵莉敏　北京和泰智研管理咨询有限公司总经理
刘懿纬　长沙菲尔德信息科技有限公司总经理

高等学校"十四五"规划酒店管理
与数字化运营专业新形态系列教材

总主编 ◎ 周春林

酒店数字化运营概论

主　编　苏　炜　黄　昕
副主编　杨永彪　朱明生　邓卫东
　　　　马镭镭　殷　颖　梁　波

JIUDIAN
SHUZIHUA
YUNYING GAILUN

华中科技大学出版社
http://press.hust.edu.cn
中国·武汉

内 容 提 要

本教材从酒店数字化运营基础、酒店数字化运营的关键技术、酒店客户体验数字化运营应用场景、酒店数字化运营应用场景及未来酒店的数字化创新五个方面,系统梳理了数字化技术在酒店对客服务、运营管理等关键领域的应用情况,对酒店业数字化运营理念及其场景进行了全面阐述,能使学生充分认知因新一代信息技术而变革的现代酒店业。

图书在版编目(CIP)数据

酒店数字化运营概论/苏炜,黄昕主编. —武汉:华中科技大学出版社,2022.11(2025.2重印)
ISBN 978-7-5680-8812-1

Ⅰ.①酒… Ⅱ.①苏… ②黄… Ⅲ.①饭店-商业企业管理-职业教育-教材 Ⅳ.①F719.2

中国版本图书馆 CIP 数据核字(2022)第 220808 号

酒店数字化运营概论　　　　　　　　　　　　　　苏　炜　黄　昕　主编
Jiudian Shuzihua Yunying Gailun

策划编辑:李家乐　王　乾
责任编辑:李家乐　仇雨亭
封面设计:原色设计
责任校对:刘　竣
责任监印:周治超

出版发行:华中科技大学出版社(中国·武汉)　　电话:(027)81321913
　　　　　武汉市东湖新技术开发区华工科技园　　邮编:430223
录　　排:华中科技大学惠友文印中心
印　　刷:武汉市洪林印务有限公司
开　　本:787mm×1092mm　1/16
印　　张:12
字　　数:249 千字
版　　次:2025 年 2 月第 1 版第 6 次印刷
定　　价:49.90 元

本书若有印装质量问题,请向出版社营销中心调换
全国免费服务热线:400-6679-118　竭诚为您服务
版权所有　侵权必究

2021年,习近平总书记对全国职业教育工作作出重要指示,强调要加快构建现代职业教育体系,培养更多高素质技术技能人才、能工巧匠、大国工匠。同年,教育部对职业教育专业目录进行全面修订,并启动《职业教育专业目录(2021年)》专业简介和专业教学标准的研制工作。

新版专业目录中,高职"酒店管理"专业更名为"酒店管理与数字化运营"专业,更名意味着重大转型。我们必须围绕"数字化运营"的新要求,贯彻党中央、国务院关于加强和改进新形势下大中小学教材建设的意见,落实教育部《职业院校教材管理办法》,联合校社、校企、校校多方力量,依据行业需求和科技发展趋势,根据专业简介和教学标准,梳理酒店管理与数字化运营专业课程,更新课程内容和学习任务,加快立体化、新形态教材开发,服务于数字化、技能型社会建设。

教材体现国家意志和社会主义核心价值观,是解决培养什么样的人、如何培养人以及为谁培养人这一根本问题的重要载体,是教学的基本依据,是培养高质量优秀人才的基本保证。伴随我国高等旅游职业教育的蓬勃发展,教材建设取得了明显成果,教材种类大幅增加,教材质量不断提高,对促进高等旅游职业教育发展起到了积极作用。在2021年首届全国教材建设奖评审中,有400种职业教育与继续教育类教材获奖。其中,旅游大类获一等奖优秀教材3种、获二等奖优秀教材11种,高职酒店类获奖教材有3种。当前,酒店职业教育教材同质化、散沙化和内容老化、低水平重复建设现象依然存在,难以适应现代技术、行业发展和教学改革的要求。

在信息化、数字化、智能化叠加的新时代,新形态酒店类教材的编写既是一项研究课题,也是一项迫切的现实任务。应根据酒店管理与数字化运营专业人才培养目标准确进行教材定位,按照应用导向、能力导向要求,优化设计教材内容结构,将工学结合、产教融合、科教融合和课程思政等理念融入教材,带入课堂。应面向多元化生源,研究酒店数字化运营的职业特点及人才培养的业务规格,突破传统教材框架,探索高职学生易于接受的学习模式和内容体系,编写体现新时代高职特色的专业教材。

我们清楚,行业中多数酒店数字化运营的应用范围仅限于前台和营销渠道,部分酒店应用了订单管理系统,但大量散落在各个部门的有关顾客和内部营运的信息数据没有得到有效分析,数字化应用呈现碎片化。高校中懂专业的数字化教师队伍和酒店里懂营运的高级技术人才是行业在数字化管理进程中的最大缺位,这种缺位是推动酒店专业教育数字化转型面临的最大困难,这方面人才的培养是我们努力的方向。

  酒店管理与数字化运营专业教材的编写是一项系统工程,涉及"三教"改革的多个层面,需要多领域高水平协同研发。华中科技大学出版社与南京旅游职业学院、广州市问途信息技术有限公司合作,在全国范围内精心组织编审、编写团队,线下召开高等学校"十四五"规划酒店管理与数字化运营专业新形态系列教材编写研讨会,线上反复商讨每部教材的框架体例和项目内容,充分听取主编、参编老师和业界专家的意见,在此特向参与研讨、提供资料、推荐主编和承担编写任务的各位同仁表示衷心的感谢。

  该系列教材力求体现现代酒店专业教育特点和"三教"改革的成果,突出酒店专业特色与数字化运营特点,遵循技术技能人才成长规律,坚持知识传授与技术技能培养并重,强化学生职业素养养成和专业技术积累,将专业精神、职业精神和工匠精神融入教材内容。

  期待这套凝聚全国各大旅游院校多位优秀教师和行业精英智慧的教材,能够在培养我国酒店高素质、复合型技术技能人才方面发挥应有的作用,能够为酒店管理与数字化运营专业新形态系列教材协同建设和推广应用探出新路子。

全国旅游职业教育教学指导委员会副主任委员
周春林

前言

党的二十大指出,要加快建设网络强国、数字中国。加快数字中国建设,是全面建成社会主义现代化强国、实现第二个百年奋斗目标的先导性工作,是构筑数字化时代国家竞争新优势的战略选择,也是满足人民日益增长的美好生活需要的重要途径。而加快数字中国建设,就是要全面贯彻新发展理念,以信息化培育新动能,以新动能推动新发展,以新发展创造新辉煌。

随着物联网、云计算、大数据、人工智能等新一代信息技术的发展,酒店业进入了数字化转型的重要阶段,酒店对于掌握数字化运营知识、技能并具有数字素养的人才是求贤若渴。2021年,教育部印发了《职业教育专业目录(2021年)》,酒店管理专业被更名为酒店管理与数字化运营专业。2022年9月7日,教育部发布了新版《职业教育专业简介》。根据新发布的专业简介,酒店管理与数字化运营专业应面向住宿业、餐饮业的接待服务、数字化运营与管理等岗位(群),培养能够从事酒店、餐饮、民宿以及邮轮等住宿新业态和高端接待业的服务、数字化运营与管理工作的高素质技术技能人才。

"酒店数字化运营概论"作为一门新课程被列入专业基础课中。专业基础课是为专业核心课和专业拓展课打基础的课程,为专业课程的学习做必要的知识储备,而"酒店数字化运营概论"又是最能体现产业升级和专业升级的内涵的课程。在这个背景下,华中科技大学出版社与南京旅游职业学院、广州市问途信息技术有限公司合作,在全国范围内精心挑选专家参与这本重要教材的编写。

组织和承担《酒店数字化运营概论》这本教材的编写工作是一件颇具挑战性的工作。首先,对于什么是"酒店数字化运营",全酒店行业和学界暂时还没有达成共识。对于肩负教书育人重任的教材来说,在内容编写上要慎之又慎,力求准确。其次,酒店数字化运营是一个融合了多学科新知识、新技术和新方法的跨学科领域,绝大多数高校老师也正处于对它的探索中,找到合适的人员参与编写工作极其困难。最后,时间非常有限。

我们有幸得到了诸多酒店行业数字化运营领域资深专家的热烈响应和积极参与。最终,一个中国酒店业数字化运营领域诸多专家参与的专业团队成立了。编写团队成员包括南京旅游职业学院苏炜博士、广东海洋大学数字旅游研究中心副主任和问途信息技术有限公司创始人黄昕博士、凤悦酒店与度假村集团副总裁及CIO杨永彪博士、曾经担任多家知名酒店集团数字化转型负责人的朱明生先生、曾担任中国多家知名酒店集团高管和数字营销负责人的殷颖女士、曾担任全球领先的酒店IT及应用方案供应商中国区总经理的邓卫东先生、曾担任阿里巴巴旗下浙江未来酒店网络技术有限公负责人并筹建数字化智慧酒店"菲住布渴"的梁波先生、曾担任多家国际知名酒店集团信息化负责人的马镭镭先生。

这些行业知名且在数字化运营领域具有多年实战经验和造诣的专家参与编写工作，首先确保了这本教材对于"酒店数字化运营"概念和内容表述的准确性，其次，他们在酒店业不同领域的工作经验为本书带来了多重视角去解读数字化运营的场景。最后，他们的参与使得本教材真正意义上符合国家在诸多职业教育改革文件中提到的要求，即对接主流生产技术，注重吸收行业发展的新知识、新技术、新工艺、新方法，校企合作开发专业课教材。

本教材编写大纲和体例由苏炜博士、黄昕博士和杨永彪博士规划和制订，全体编写成员共同商量确定。全书共5个项目，包括25个任务，支持32个课时的教学。编写工作分工如下：

项目一"认识酒店数字化运营基础"由黄昕博士和杨永彪博士编写；项目二"了解影响酒店数字化运营的关键技术"中，朱明生编写"人工智能""区块链""云计算"和"大数据"部分，马镭镭编写"新媒体"和"物联网"部分，黄昕编写"移动互联网"和"元宇宙"部分；项目三"了解酒店客户体验数字化运营应用场景"由殷颖编写；项目四"了解酒店数字化运营应用场景"中，殷颖编写"酒店市场营销数字化场景"，邓卫东编写"酒店客房数字化应用场景""酒店餐饮与会议数字化应用场景""酒店人力资源数字化应用场景"，杨永彪编写"酒店财务及供应链数字化应用场景""酒店协同共生数字化应用场景"，马镭镭编写"酒店工程与安全数字化应用场景"；项目五"展望未来酒店的数字化创新"由梁波编写；苏炜博士负责全部项目的项目概述、项目目标、案例导入、训练题的编写工作。

苏炜博士、黄昕博士和杨永彪博士负责了全书的统稿工作。

本教材从酒店数字化运营基础、酒店数字化运营的关键技术、酒店客户体验数字化运营应用场景、酒店数字化运营应用场景及未来酒店的数字化创新五个方面，系统梳理了数字化技术在酒店对客服务、运营管理等关键领域的应用情况。从宏观视角让学生充分认知因新一代信息技术而变革的未来酒店业。目的在于激发学生对未来酒店业的兴趣，坚定在酒店业发展的信心。此外，本教材通过对酒店数字化运营理念及其场景进行全面阐述，帮助学生养成数字化思维，掌握酒店数字化运营理念和方法，为深入学习8门专业核心课的数字化运营管理内容奠定认知的基础。

在本教材的编写过程中，来自广州市问途信息技术有限公司的唐艳茹女士、赵静女士承担了编写团队的组织协调和内容校对工作，来自南京旅游职业学院的杨辉、裴荣康老师亦对本教材统稿、完善有重要贡献。他们的工作使得本教材能够更好地呈现在读者面前。

本教材紧密对接高等学校酒店管理与数字化运营专业的教学标准，兼顾院校教学和行业人才培养的需求，可作为高校酒店管理与数字化运营、旅游管理等专业教材，也可作为酒店经营从业者的培训教材。

由于时间紧张、水平有限，本教材的编写难免出现一些疏漏和不足，敬请专家和读者给予批评指正！

《酒店数字化运营概论》编写团队

副主编简介

杨永彪

香港理工大学酒店及旅游管理博士,上海交通大学工商管理硕士,现任凤悦酒店及度假村副总裁兼首席信息官,全面负责主持推动凤悦数字化转型及品牌会员营销工作;长期专注国内外企业信息化咨询、实施及数字化转型;熟悉酒店业、零售业、高科技业、制药业及化工等行业特质;精通国际 SAP/Oracle 及国内 ERP/CRM,国际 Opera 及国内西软/绿云 PMS 产品在国际及国内酒店管理公司的迭代应用;曾任 IBM、Oracle、Satyam、Wipro 中国区及金陵酒店管理等公司高层要职。

朱明生

香港理工大学酒店及旅游管理博士。曾任开元酒店集团副总裁、华住集团高级副总裁暨汉庭事业部 COO、锦江集团 WeHotel 公司 COO、美国 Interstate 集团中国区副总裁、万达酒店集团 IT 总经理、南京金陵饭店集团 CIO,并曾在 Starwood 集团从事 IT 和 6 Sigma 管理工作,早年在扬州大学商学院任教,在基于数字科技的商业模式变革、管理体系优化、营销渠道创新等方面拥有丰富的实战经验。

邓卫东

在酒店和 IT 行业拥有超过 30 年的从业经验,先后在全球领先的酒店 IT 及应用解决方案供应商 HRS 集团担任中国区总经理;在全球知名网络及无线产品生产厂商优科网络(Ruckus Networks)公司中国区任职总经理;在酒店行业领先的数字服务提供商安美微客(北京)互联网科技有限公司(AMTT)担任总裁;还曾在 IT 及网络和通信技术集成服务商三力网络有限公司(3D Networks)任公司酒店行业总经理兼 FCS 应用事业部总经理。

马镭镭

香港理工大学酒店及旅游管理博士,香港城市大学商务资讯系统理学硕士,信息系统项目管理师。15 年信息技术及酒店项目经验,指导并参与超过 50 家酒店智能化项目开发及改造工作。香格里拉国际饭店管理集团信息系统设计标准作者之一,曾就职于 IBM、香格里拉集团、半岛酒店,目前担任天大集团资讯科技总监兼天大馆集团高级运营总监。

殷颖

香港理工大学酒店及旅游管理博士,德胧集团数字化运营高级副总裁,负责集团酒店全面运营管理工作。曾任南京金陵酒店管理公司副总裁、华住集团高端事业部高级副总裁兼美居品牌总经理、华住集团盟广信息 CMO,众荟信息 CEO。还曾任港中旅酒店市场营销事业部总经理、皇冠假日酒店总经理。

梁波

香港理工大学酒店及旅游管理博士,中山大学管理学院工商管理硕士。曾任阿里巴巴集团飞猪旅行酒店事业部副总经理、浙江天下网商网络传媒有限公司副总经理、杭州天下网商教育科技有限公司总经理、浙江天下网商网络传媒有限公司教育事业部负责人。曾任浙江未来酒店网络技术有限公司负责人,期间筹建了阿里巴巴旗下第一家数字化智慧酒店"菲住布渴"酒店。

目录
MULU

项目一　认识酒店数字化运营基础　001

任务 1　全球酒店业在数字时代的发展趋势　003
任务 2　中国酒店业在数字时代的发展机遇　009
任务 3　酒店信息化与酒店数字化概念　017
任务 4　酒店数字化转型与酒店数字化运营概念　024

项目二　了解影响酒店数字化运营的关键技术　033

任务 1　移动互联网　035
任务 2　新媒体　043
任务 3　物联网　048
任务 4　云计算　055
任务 5　大数据　062
任务 6　人工智能　070
任务 7　区块链　077
任务 8　元宇宙　087

项目三　了解酒店客户体验数字化运营应用场景　096

任务 1　住前客户体验的数字化应用场景　098

任务 2　住中客户体验的数字化应用场景　　103
任务 3　住后客户体验的数字化应用场景　　107

项目四　了解酒店数字化运营应用场景　　113

任务 1　酒店市场营销数字化应用场景　　115
任务 2　酒店客房数字化应用场景　　125
任务 3　酒店餐饮与会议数字化应用场景　　131
任务 4　酒店人力资源数字化应用场景　　136
任务 5　酒店财务及供应链数字化应用场景　　141
任务 6　酒店工程与安全数字化应用场景　　146
任务 7　酒店协同共生数字化应用场景　　154

项目五　展望未来酒店的数字化创新　　159

任务 1　未来酒店业的数字化创新　　161
任务 2　未来智慧酒店的建设　　167
任务 3　未来酒店数字化运营人才　　170

二维码资源目录

二维码对应视频/案例	项目	页码
"十四五"规划与酒店业发展	一	10
酒店数字化转型的探讨	一	30
物联网在酒店业的应用	二	52
云计算在酒店业的应用	二	59
大数据在旅游与酒店业的应用	二	67
人工智能在酒店业的应用	二	75
区块链在酒店业的应用	二	83
元宇宙在酒店业的应用	二	93
酒店服务中的数字化宾客触点	三	108
酒店餐饮的数字化应用	四	132
数字化的酒店人力资源管理	四	137
RPA在餐饮行业的应用场景	四	143
碳中和与酒店业	四	147
协同共生在旅游与酒店业	四	155
展望未来酒店的数字化创新	五	161

项目一
认识酒店数字化运营基础

项目概述

工欲善其事,必先利其器。想要利用数字化技术经营酒店,需要了解更多关于酒店数字化运营的基础性内容。本项目主要介绍酒店行业在数字时代的发展趋势、发展机遇,酒店信息化与数字化概念以及酒店数字化转型与酒店数字化经营概念,是学习酒店数字化运营的先导内容。

项目目标

知识目标
1. 了解酒店行业在数字时代的发展趋势与发展机遇。
2. 熟悉酒店信息化与数字化的概念。
3. 掌握酒店数字化转型与酒店数字化经营的概念。

能力目标
1. 具有理解酒店信息化与数字化概念的能力。
2. 具有理解酒店数字化转型与酒店数字化经营概念的能力。

素养目标
培养学生认真思考、获取信息以及理解信息的基础素养。

知识导图

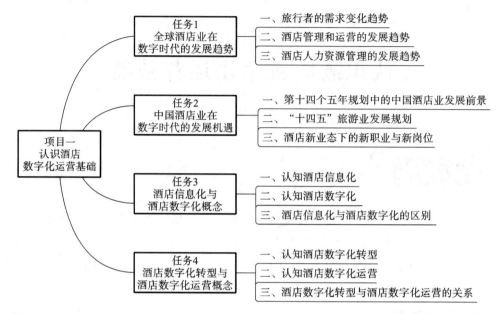

重点难点

重点：准确理解酒店数字化的概念。

难点：准确理解酒店数字化运营的概念。

案例导入

就读酒店管理与数字化运营专业的小李同学在南方某市的五星级酒店前厅部实习。实习期结束后，酒店方很满意他在实习期间的表现，希望他能够留下来。小李非常喜欢这个酒店的工作环境，他认为，每天接触到社会上不同的客人，丰富了自己的见识和阅历，锻炼了自己的人际交往能力。实习期间，小李由于热情的服务而得到客人的多次表扬，这让他很有成就感。

小李希望能够留在酒店继续工作，并梦想有一天能够成为酒店的经理。但酒店最近发生的变化让他对在酒店的发展规划有点困惑。酒店在前台推出自助办理入住服务，引入了号称"30秒入住"的智能自助服务机和送物机器人等多项智能化无接触服务设施。这些服务使得客人在大堂的平均等待时间从5分30秒缩短至30秒以内。而智能送物机器人能够在全程无人干预的情况下自动乘电梯、触发门铃，把住客需要的物品安全送达，大大提升了配送时效。

小李在思考，未来酒店业会不会采用更多技术去取代人工服务，那么自己在酒店业的发展方向究竟应该如何规划呢？小李将这个困惑与在酒店实习的其他同学沟通。

在不同酒店和不同部门及岗位工作的同学多多少少都会感受到数字化技术给酒店的管理和服务带来的改变,却不知道这些新技术会如何改变酒店对员工的要求。小李所工作的酒店的总经理很关心实习生的发展,在一次酒店总经理与实习生座谈会上,小李提出了自己的困惑。总经理称赞小李爱思考,他告诉参与座谈会的实习生们,酒店业是一个非常有发展前景的行业,数字化正在快速改变酒店业,也在改变酒店的用人要求。数字化并不是要"无人化",而是通过数字技术提升用户体验,提高运营效率,使酒店员工能够专注于向客人提供个性化的服务。他鼓励同学们多学习酒店数字化运营方面的知识,这将有助于完善自己在酒店业的职业规划。

座谈会后,小李对酒店数字化运营产生了浓厚的兴趣,开始通过搜索引擎、社交媒体等多个渠道了解酒店数字化运营的相关知识。了解得越多,他对自己在酒店业未来的职业发展就更加有信心。

任务1　全球酒店业在数字时代的发展趋势

从2020年开始,新冠肺炎疫情大暴发给全球的酒店业带来了巨大的影响,改变了人们旅行的方式,并迫使酒店业整个行业进行创新和数字化转型,以适应旅行者的新需求,全球酒店业将迎来与过去截然不同的新机遇。酒店业将会出现更多颠覆式的创新。对于正在学习酒店管理知识的学生来说,将会迎来一个由技术和创新驱动引领的未来酒店时代。所以,有必要从全球旅行者需求变化的视角、全球酒店业管理创新的视角和酒店人力资源发展的视角对酒店行业未来发展趋势进行判断,做好未来的职业规划。

一、旅行者的需求变化趋势

(一)新的消费群体为酒店业带来更多的客源

1. 商务与休闲相结合的旅行者市场不断壮大

由于新冠肺炎疫情的影响,欧美很多大型科技公司允许员工采用混合或者灵活的远程工作方式上班。仅在2021年,全球永久远程工作的人所占比例就翻了一番。一边工作一边在酒店享受酒店服务的工作方式的发展迅猛。这一新增的消费群体还有一个新的名称,叫商务休闲者(Bleisure,即Business与Leisure构成的新单词,意思是商务与休闲相结合)。Bleisure这类群体还包括数字游民、当地的自由职业者,甚至是希望有个工作空间的小型创业团队。

为了满足这个新兴细分市场客户的需求,酒店可以调整空间布局、产品和产品组合来满足 Bleisure 对工作环境的要求,使得酒店成为远程和协同工作的场所。在服务方面,酒店需要为 Bleisure 提供免费高速的 Wi-Fi、充足的电源插座和充电接口、可口的饮品和美味的小吃。此外,酒店还可以利用这个细分市场,提高酒店大堂和其他未被充分利用的空间的使用率,如会议室、淡季的客房,都可以用来满足 Bleisure 的需求。

2. 独自旅行成为更多人的旅行方式

从全球趋势看,越来越多的旅行者将会独自旅行。许多旅行者喜欢独处和有冥想空间。这类客人喜欢在目的地寻找轻松随意的当地体验并结交当地的新朋友。

酒店需要根据独自旅行者的新需求,为他们提供新的体验,例如,在酒店营造一种朴实、非正式和开放的氛围,在酒店举办派对酒会,放映电影,以及开展烹饪课程、文化表演、竞赛游戏,为客人创造和当地人互动的社区空间。如果酒店能够将这些定制服务通过互联网进行宣传,无疑会吸引这个细分市场的客户群前来消费。

3. 当地度假客源市场高速增长

过去,酒店的客源市场都是以外地来旅行的客人为主。这种情况在未来将发生变化。因为酒店不再是一个仅仅提供住宿的地方,而是一个可以为消费者提供独特、难忘体验的场所。

酒店可以针对所在城市的不同类型的消费者,例如情侣、家庭、同事、朋友等客户群提供休闲度假服务产品。这些客人与从外地过来的客人相比较,对产品更看重,会有更高的回头率,也会推荐更多当地朋友来消费。

(二)旅行者需求发生变化

1. 旅行者更加注重在地文化的体验

旅行者希望能够有针对在地文化的探索和体验。他们信任酒店并希望酒店能够为其策划体验当地文化的活动,希望酒店能够有熟悉该城市深度旅行和文化的工作人员为其提供建议,提供只有当地人知道的信息。

不同地区的酒店可以根据旅行者的这个需求,与当地的其他服务机构合作,为客人提供一站式的体验服务。例如,在市中心的酒店,可以与当地的博物馆合作;在郊区的酒店,可以与当地从事户外活动的公司合作。酒店也可以自行研发这种在地文化体验产品,并与客房和餐饮产品一起打包,让体验当地文化的探索之旅成为客人的专属服务,为客人提供特别的体验。

2. 旅行者更加注重与家人共度时光

如今人们更加注重与家人一起共度时光,优先考虑与家人的旅行,喜欢与家人一起在旅行中完成愿望清单,旅行后与家人一起回忆美好的旅程。

酒店需要针对家庭旅行者提供合适的打包产品和家庭套餐,并在客房方面为家庭旅行者创造更多的家庭舒适感和交流空间。

3.旅行者希望在酒店能有更多数字化的体验

通过新一代信息技术为自己带来数字化体验是新一代消费群体的刚需。特别在全球新冠肺炎疫情的影响下,人们对非接触式服务和自助服务的需求越来越大,例如使用线上礼宾服务、用手机开启房门、非接触式支付、客人自助办理移动入住、通过语音技术控制客房设备、通过手机与酒店服务人员交流和请求服务等。智能手机成为客人住店体验的主要工具,而虚拟现实(VR)、增强现实(AR)、物联网、云计算、大数据、人工智能等新一代信息技术将在酒店业得到更广泛的应用,从而为旅行者带来更多的数字化体验。

众多调查表明,在客户数字化体验方面进行了大量投资的酒店,其客户增长的速度远超于仅提供传统服务体验的酒店。

4.旅行者更加关注酒店是否能提供健康服务

健康旅行在现如今广受旅行者欢迎,很多旅行者在旅行过程中寻求减压、康复、平衡情绪和获得更好的护理与睡眠质量。

针对客人的这个新需求,酒店将住宿、餐饮服务与健康服务整合成为新的服务趋势。例如,除了水疗服务外,酒店还可以在服务中加上健康诊断咨询、饮食和营养计划、瑜伽课程等健康服务项目。此外,酒店可以思考如何使用数字技术为客人提供更为精准有效的健康服务体验,例如利用数字技术提升客房的空气质量、为客人提供一键式的睡眠灯光控制等。

5.旅行者更加注重旅行的可持续发展

1987年,世界环境与发展委员会发布《我们共同的未来》报告,将可持续发展定义为:"既满足当代人的需要,又不对后代人满足其需要的能力构成危害的发展。"近年来,更多的旅行者开始关注可持续发展。旅行者认为可持续的旅行至关重要,他们意识到过度旅游问题日益严重。因此若想让吸引他们到世界各地旅行的美景得以持续,就必须做出改变。他们认为酒店提供的旅行体验对当地社区不会造成危害这一点很重要,因此在旅行中,他们希望能够减少食物浪费、减少洗涤次数、避免不必要的纸张消耗、避免使用一次性塑料包装、使用节能灯泡降低能耗、选择有机材料制作的床单、使用传感器关闭灯光、使用智能恒温器调整温度、使用低流量淋浴喷头和低冲量抽水马桶。

数字化技术可以有效帮助酒店实施可持续发展的战略,并提升其在旅行者心目中的"绿色形象"。

二、酒店管理和运营的发展趋势

(一)酒店业数字化转型加速,促进企业管理变革

虽然在数字时代,酒店业已经不断加大数字化方面的投入,但酒店业大量的服务人

员流失、客人消费行为习惯发生变化等情况也加速了全球很多酒店集团数字化转型的速度,酒店业不得不更多地使用数字技术替代人工,并通过数字技术为客人创造个性化体验,以吸引客人成为回头客。

数字化转型有助于酒店业转向新的商业模式,创造与客户接触和沟通的新方式,为酒店带来新的收入来源。虽然旅行者也希望获得有"温度"的服务,但更加看中便捷性、舒适性和个性化体验。酒店业需要利用数字化技术及数据驱动来开展业务变革,改变现有的业务流程、组织结构、企业文化,着力推进智慧营销、智慧服务、智慧供应链等建设,建立智慧服务流程,建设基于数字平台的服务体系,为旅行者塑造在线的数字服务体验,提高客户黏性,拓展企业数字服务能力,最终实现创新服务模式和创新商业模式,这也是数字化转型的核心概念。

(二)通过数据为客人提供全接触点的个性化服务体验

在数字时代,随着个性化推荐和精准营销技术的普及,旅行者也希望在旅行过程中获得更多的个性化服务体验。因此,酒店需要分析旅行者的整个消费旅程阶段,并在消费旅程中的关键接触点借助于数字技术为客人创造个性化的服务体验。因此,酒店业将成为一个更加侧重数据驱动业务的行业,将前台和后台的系统打通,使得数据能够互联互通,能够对客人的数据进行多维度的采集,分析用户画像,为客人提供个性化且无缝的服务体验。因为,为客人提供通常而同质化的服务将使得酒店的市场竞争力大大降低,客人需要酒店满足他们特定甚至特殊的需求。为此,酒店需要具备分析客人从最初预订到入住,再到结账的整个过程,深入分析每一个接触点上是如何利用数字技术创造与客人进行深度互动的机会的,并在每一次互动中通过数据进一步了解客人的偏好和习惯。

例如,很多酒店开始使用个性化电子邮件营销,在向客人发送电子邮件问候的时候加上客人的名字,但这还远远不够,酒店还可以利用数据技术,对客人的过往购买、入住习惯进行数据分析,形成用户画像和行为标签体系,从而为客人个性化地推荐优惠。对于曾经消费过的客人,会自动提供与过往入住相类似的消费内容或者个性化推荐更适合客人需求的产品和服务。

(三)通过数字化营销面对不可预测的市场变化

如今,受到旅行限制、政府防疫政策、个人健康等因素影响,旅行者的出行和旅行安排有了更多不确定性。旅行者甚至会通过"行程叠加"来建立某种确定性。例如,他们会利用酒店灵活的政策一次预订多个行程,并根据行程变化取消或者修改预订。这将使得酒店的预订管理变得更加困难,过去用于市场预测的一些因素将不一定那么有效。此外,国家和当地的防疫政策突然性的紧与松也会给酒店的市场营销工作带来一定的挑战。

面对更加难以预测的市场变化,酒店需要构建从社交媒体推广、OTA渠道推广,吸引客人到数字营销平台预订,然后建立包括客户互动和深度运营的客户关系管理系统在内的完整的数字营销平台,与客人建立直接的关系,这样将有助于与客人建立更加有效的沟通和解决问题。此外,面对更加复杂的市场变化,酒店还需要利用数字技术时刻掌握竞争对手、市场变化和库存变化,及时调整各个销售渠道的价格,使得收入能够最大化。

三、酒店人力资源管理的发展趋势

目前,酒店业面临大量的服务人员流失,很多国家的酒店即便重新开始营业,也一时难以找到足够的员工。很多从酒店离开的从业人员也经历了许多挑战,包括失业、经济危机以及健康问题,并产生了职业倦怠。他们重新评估未来的职业发展,利用这段休息时间学习新的技能,并找到了新的工作,从而平衡了自己的工作与生活。

数字化转型的一个目标是在旅行者消费旅程的每个接触点更有效地吸引数字用户,实现用户增长;另外一个目标就是推动组织变革和流程变革,在管理流程的每个环节更有效地进行变革和创新,实现数据驱动业务的增长。这将对酒店业的人力资源管理和发展产生深刻的影响,对酒店业在新冠肺炎疫情后的恢复和高速发展至关重要,因为员工是酒店最重要的资产。在数字时代,酒店人力资源管理将更加注重如下方面。

1. 利用数字技术调整岗位配置和吸引数字化人才

酒店将在更多的工作流程和岗位上引入人工智能和自动化技术,去代替一些重复性的、枯燥的工作,从而给员工提供更有意义的工作岗位和工作内容。在数字时代,酒店业需要具有信息素养、数字化思维和技术应用能力的高素质技术人才。有两类人才将是酒店业争夺的对象:一类是能够为客人提供高品质、个性化服务的服务人才;一类是具有数据思维,能够通过数据去发现问题和解决问题的数字化运营人才。这两类人才都是无法用机器人和自动化取代的。

2. 为员工提供数字化的工作氛围和体验

酒店在更多工作岗位上,将利用数字技术简化复杂、耗时的流程。酒店还会打造一个内部沟通的平台,利用移动互联网实现全体员工之间的平等和双向无缝的有效沟通,使得酒店管理层能够更好地服务员工。在数字技术的支持下,酒店可以给一线员工更多授权,让员工在工作岗位更有参与度和决策权,从而获得更多的工作满足感和幸福感。

3. 培养员工数字技能,并提供晋升和发展的机会

高素质的服务和管理人才是酒店获取竞争优势的核心。酒店将从为员工提供有竞争力的薪酬和福利开始,利用数字技术提升员工的技能和能力,加大对员工在数字技能方面的培训投资,为员工提供在酒店内部更多的职业发展机会。酒店人力资源部门将

更加专注于培养现有员工的知识和迁移技能,使得他们能够有机会调整到或者晋升到需求更迫切或者更有吸引力的岗位。随着员工数字技能的提升,员工的自信心会加强,并对组织有更强的归属感。

主要术语

1. Bleisure:一种新出现的旅行群体,将商务旅行与休闲旅行结合在一起的商务休闲者。Bleisure,即 Business 与 Leisure 构成的新单词。

2. 非接触式服务:借助于物联网、云计算、大数据、人工智能等新一代信息技术将高接触度的"人对人"的服务形式变革为低接触度的"网络对人"或"机器对人"的服务形式,使得服务更加便捷和高效,服务链条更加集成、透明、可追溯。

3. 可持续发展:根据世界环境与发展委员会 1987 年发布的《我们共同的未来》报告,可持续发展是指"既满足当代人的需要,又不对后代人满足其需要的能力构成危害的发展"。

4. 商业模式:商业模式简单来说是指企业实现盈利的模式,它描述企业如何以合适的成本为目标客户提供价值和满足客户需求,从而实现盈利目标。

5. 数字化转型:国际数据公司(IDC)将数字化转型定义为"利用数字化技术(云计算、大数据、人工智能、物联网、区块链等)和能力来驱动组织商业模式创新和商业生态系统重构的途径和方法"。

6. 精准营销:把合适的产品,在合适的时间,通过合适的方式,卖给合适的用户。

任务小结

全球新冠肺炎疫情不仅仅改变了人们旅行的方式,而且促进了整个行业进行创新和数字化转型。酒店业将迎来一个由技术和创新驱动引领的时代。在这个时代,酒店业出现了一些新兴的消费群体,包括不断壮大的商务与休闲相结合的旅行者、独自旅行者和当地度假者。旅行者的需求也在发生变化,表现在更加重视在地文化体验、与家人共度时光、数字化的服务体验、健康服务体验和旅游的可持续发展。

酒店管理和运营的发展趋势包括数字化转型加速、数据驱动的全接触点个性化服务体验和数字化营销的发展。

酒店人力资源管理的发展趋势包括利用数字技术调整岗位配置和吸引数字化人才、为员工提供数字化的工作氛围和体验、培养员工数字技能并提供晋升和发展的机会。

一、自测题

1. 2020年以后,旅行者的需求发生了哪些变化?
2. 酒店获取竞争优势的核心是什么?

二、讨论题

1. 酒店业的数字化转型会给酒店带来了什么样的变化?
2. 为什么说员工是酒店最重要的资产?

三、实践题

以小组为单位展开讨论未来酒店管理和运营的发展趋势,并说明其原因。

任务2 中国酒店业在数字时代的发展机遇

一、第十四个五年规划中的中国酒店业发展前景

(一)第十四个五年规划和2035年远景目标

2021年3月,十三届全国人大四次会议表决通过《中华人民共和国国民经济和社会发展第十四个五年规划和2035年远景目标纲要》,并正式发布。"十四五"时期是我国全面建成小康社会、实现第一个百年奋斗目标之后,乘势而上开启全面建设社会主义现代化国家新征程、向第二个百年奋斗目标进军的第一个五年。"十四五"时期经济社会发展主要目标有:经济发展取得新成效、改革开放迈出新步伐、社会文明程度得到新提高、生态文明建设实现新进步、民生福祉达到新水平、国家治理效能得到新提升。2035年远景目标为:我国将基本实现社会主义现代化。经济实力、科技实力、综合国力将大幅跃升,经济总量和城乡居民人均收入将再迈上新的大台阶,关键核心技术实现重大突破,进入创新型国家前列。基本实现新型工业化、信息化、城镇化、农业现代化,建成现代化经济体系。基本实现国家治理体系和治理能力现代化,人民平等参与、平等发展权利得到充分保障,基本建成法治国家、法治政府、法治社会。建成文化强国、教育强国、人才强国、体育强国、健康中国,国民素质和社会文明程度达到新高度,国家文化软实力显著增强。广泛形成绿色生产生活方式,碳排放达峰后稳中有降,生态环境根本好转,美丽中国建设目标基本实现。形成对外开放新格局,参与国际经济合作和竞争新优势明显增强。人均国内生产总值达到中等发达国家水平,中等收入群体显著扩大,基本

公共服务实现均等化,城乡区域发展差距和居民生活水平差距显著缩小。平安中国建设达到更高水平,基本实现国防和军队现代化。人民生活更加美好,人的全面发展、全体人民共同富裕取得更为明显的实质性进展。

(二)第十四个五年规划为酒店业带来的新机遇

"十四五"规划为中国酒店业的发展指明了新方向,带来了新的发展机遇。这些机遇如下。

1. 服务业的繁荣发展将促进酒店业的多元化发展

根据"十四五"规划,为了满足人民追求美好生活的愿望并适应在消费需求上不断升级的趋势,服务业必须扩大有效供给,向高品质和多样化升级,扩大覆盖全生命周期的各类服务供给。文化、旅游等服务业将在"十四五"期间加快发展,并要进行业态和模式创新,推进数字化智能化改造和跨界融合,线上线下全渠道满足消费需求。

为了满足不同消费群体追求美好生活的愿望,酒店业的服务升级也将加快。中国酒店业势必通过数字化转型进行多元、多形态、多业态的商业变革,呈现"百花齐放,百家争鸣"的局面。

2. 强大的国内市场和完整内需体系建设将促进酒店业供给侧改革

根据"十四五"规划,为了满足人民个性化、差异化、品质化的消费需求,我国将持续扩大中高端产品供给和服务供给。供给侧结构性改革将在"十四五"期间进一步深化,使得消费扩大同时能够改善人民生活品质,培育新型消费,发展信息消费、数字消费、绿色消费,鼓励定制、体验、智能、时尚消费等新模式新业态。文化、旅游、体育等消费将提质扩容,线上线下融合加快发展。"十四五"规划还提出,要开展中国品牌创建行动,保护发展中华老字号,提升自主品牌影响力和竞争力。对于我国人民来说,生活幸福感将进一步提升,因为"十四五"规划提出了要全面落实带薪休假制度,节假日制度将不断完善。这些措施将有效地建立强大的国内市场和完整的内需体系。

这些规划为酒店业的供给侧结构性改革指明了三个方向:第一,要促进中国酒店业本土品牌的发展;第二,要促进酒店业新模式和新业态的发展;第三,要通过线上线下融合发展服务国内市场和内需体系的建设。

3. 城市群一体化发展和现代都市圈建设为酒店业发展带来广阔市场

根据"十四五"规划,我国将以城市群、都市圈为依托促进大中小城市和小城镇协调联动、特色化发展,使更多人民群众享有更高品质的城市生活。在城市群发展方面,将形成"两横三纵"城镇化战略格局。京津冀、长三角、珠三角、成渝、长江中游等城市群得到优化提升,实力不断增强。山东半岛、粤闽浙沿海、中原、关中平原、北部湾等城市群将发展壮大,变得更强。哈长、辽中南、山西中部、黔中、滇中、呼包鄂榆、兰州—西宁、宁夏沿黄、天山北坡等城市群将被进一步培育发展,潜力巨大。在现代化都市圈建设方面,将依托辐射带动能力较强的中心城市,提高一小时通勤圈协同发展水平,培育发展一批同城化程度高的现代化都市圈。

发展城市群和都市圈将为酒店业带来不断发展的广阔市场。乡村旅游、民宿经济等特色产业将在这个广阔市场中大有发展前景。酒店业将进一步下沉到三四线城市，中国连锁品牌将迎来更大的发展机遇。

4. 推动文旅融合和社会主义繁荣工程将促进酒店业高质量发展

根据"十四五"规划，我国将进一步推动文化和旅游融合发展，坚持以文塑旅、以旅彰文，打造独具魅力的中华文化旅游体验。深入发展大众旅游、智慧旅游，创新旅游产品体系，改善旅游消费体验。加强区域旅游品牌和服务整合，建设一批富有文化底蕴的世界级旅游景区和度假区，打造一批文化特色鲜明的国家级旅游休闲城市和街区。推进红色旅游、文化遗产旅游、旅游演艺等创新发展，提升度假休闲、乡村旅游等服务品质，完善邮轮游艇、低空旅游等发展政策。健全旅游基础设施和集散体系，推进旅游厕所革命，强化智慧景区建设。建立旅游服务质量评价体系，规范在线旅游经营服务。

我国在"十四五"期间将推进社会主义文化繁荣发展工程的建设，主要内容是打造海南国际旅游消费中心、粤港澳大湾区世界级旅游目的地、长江国际黄金旅游带、黄河文化旅游带、杭黄自然生态和文化旅游廊道、巴蜀文化旅游走廊、桂林国际旅游胜地。

推动文旅融合和社会主义繁荣工程将促进酒店业高质量发展。随着富有文化底蕴的世界级旅游景区和度假区的建设、文化特色鲜明的国家级旅游休闲城市和街区的打造、一系列世界级旅游目的地和国际旅游胜地的建设，酒店业将进入一个前所未有的高质量发展阶段。

5. 打造数字经济新优势和数字社会建设将促进酒店业数字化转型发展

根据"十四五"规划，我国将打造数字经济新优势，促进数字技术与实体经济深度融合，赋能传统产业转型升级，催生新产业、新业态、新模式，壮大经济发展新引擎。深入推进服务业数字化转型。"十四五"的规划包括为人民构筑美好数字生活新图景，推动购物消费、居家生活、旅游休闲、交通出行等各类场景数字化，打造智慧共享、和睦共治的新型数字生活。

酒店业将在"十四五"期间加快数字化转型步伐，利用技术及数据驱动业务变革，改变现有的业务流程、组织结构、企业文化，最终实现酒店服务和经营模式的创新。

6. 增强职业教育适应性将促进酒店业高素质和高层次技术技能人才的培养

人才是酒店业最为重要的资产和酒店业发展的基础性资源。根据"十四五"规划，为了提升国民素质，促进人的全面发展，我国将在职业技术教育方面进行改革创新，实施现代职业技术教育质量提升计划，建设一批高水平职业技术院校和专业，稳步发展职业本科教育。深化职普融通，实现职业技术教育与普通教育双向互认、纵向流动。

在酒店业数字化转型和酒店教育数字化转型的年代，酒店管理与数字化运营专业的人才培养目标是培养能够践行社会主义核心价值观；德、智、体、美、劳全面发展；具有一定的科学文化水平、良好的人文素养、职业道德和创新意识，精益求精的工匠精神、较强的就业创业能力和可持续发展的能力；掌握本专业知识和技术技能；具备数字化思维和技术应用能力；面向住宿业、餐饮业的服务、营销、运营及管理岗位群，能够从事酒店、餐饮及民宿、邮轮等其他住宿新业态和高端接待业的服务、数字化营销、运营与管理工作的高素质技术技能人才。这类人才培养对酒店业在"十四五"期间的高品质、高质量发展至关重要，特别是具备数字化思维和技术应用能力的数字化运营人才的培养，将决定酒店数字化转型战略的成败。酒店业将掀起一场"育人热潮"，企业和院校建立校企合作命运共同体，合作培养酒店业新型人才将成为趋势。

二、"十四五"旅游业发展规划

（一）发展机遇

2021年12月，国务院印发的《"十四五"旅游业发展规划》指出了中国旅游业面临的发展机遇。

1. 旅游业面临高质量发展的新要求

由于人民群众旅游消费需求将从低层次向高品质和多样化转变，由注重观光向兼顾观光与休闲度假转变。大众旅游出行和消费偏好发生深刻变化，线上线下旅游产品和服务加速融合。旅游业成为具有显著时代特征的幸福产业。

2. 旅游业承担扩大内需的重要任务

加快构建以国内大循环为主体、国内国际双循环相互促进的新发展格局，需要充分利用旅游业涉及面广、带动力强、开放度高的优势，将其打造成为促进国民经济增长的重要引擎。

3. 旅游业被赋予新动能和创新发展的新要求

坚持创新在现代化建设全局中的核心地位，推动新一轮科技革命和产业变革，将深刻影响旅游信息获取、供应商选择、消费场景营造、便利支付以及社交分享等旅游全链条。同时，要充分运用数字化、网络化、智能化科技创新成果，升级传统旅游业态，创新产品和服务方式，推动旅游业从资源驱动向创新驱动转变。

4. 建设文化强国为旅游业明确了发展方向

文化强国的建设要求坚持以文塑旅、以旅彰文，推进文化和旅游融合发展。同时，要充分发挥旅游业在传播中国文化、展示现代化建设成就、培育社会主义核心价值观方面的重要作用。

5. 旅游业面临统筹发展和安全的新任务

加强前瞻性思考、全局性谋划、战略性布局、整体性推进，发挥好中央、地方和各方面积极性，实现发展质量、结构、规模、速度、效益、安全相统一，有利于为旅游业营造更具活力的发展环境、提供更可持续的发展动力、形成更具国际竞争力的发展优势。

(二)发展目标

《"十四五"旅游业发展规划》提出了旅游业具体的发展目标。

1. 2025年发展目标

旅游业发展水平不断提升,现代旅游业体系更加健全,旅游有效供给、优质供给、弹性供给更为丰富,大众旅游消费需求得到更好满足。新冠肺炎疫情防控基础更加牢固,科学精准防控要求在旅游业得到全面落实。国内旅游蓬勃发展,出入境旅游有序推进,旅游业国际影响力、竞争力明显增强,旅游强国建设取得重大进展。文化和旅游深度融合,建设一批富有文化底蕴的世界级旅游景区和度假区,打造一批文化特色鲜明的国家级旅游休闲城市和街区,红色旅游、乡村旅游等加快发展。旅游创新能力显著提升,旅游无障碍环境建设和服务进一步加强,智慧旅游特征明显,产业链现代化水平明显提高,市场主体活力显著增强,旅游业在服务国家经济社会发展、满足人民文化需求、增强人民精神力量、促进社会文明程度提升等方面作用更加凸显。

2. 展望2035年

旅游需求多元化、供给品质化、区域协调化、成果共享化特征更加明显,以国家文化公园、世界级旅游景区和度假区、国家级旅游休闲城市和街区、红色旅游融合发展示范区、乡村旅游重点村镇等为代表的优质旅游供给更加丰富,旅游业综合功能全面发挥,整体实力和竞争力大幅提升,基本建成世界旅游强国,为建成文化强国贡献重要力量,为基本实现社会主义现代化作出积极贡献。

《"十四五"旅游业发展规划》为中国酒店业在数字时代多业态的创新发展提供了明确的指引和方向。在"十四五"期间,中国本土品牌将在全球酒店市场获得更多的竞争优势。各种"新物种"不断涌现,例如电影酒店、电竞酒店、剧本杀+酒店、动漫酒店、太空舱酒店、运动酒店、艺术酒店、国潮酒店、泛阅读酒店、社区酒店等。这些"新物种"酒店与乡村民宿等更多新业态一起,通过满足消费者个性化、体验式消费需求,通过差异化的产品和创新的模式为酒店业承担高质量发展、扩大内需的历史责任,落实创新的发展模式和文旅融合作出了贡献。

(三)具体措施

《"十四五"旅游业发展规划》提出要坚持创新驱动发展,加快推进以数字化、网络化、智能化为特征的智慧旅游,深化"互联网+旅游",扩大新技术场景应用。具体措施有三条。

1. 推进智慧旅游发展

创新智慧旅游公共服务模式,有效整合旅游、交通、气象、测绘等信息,综合应用第五代移动通信(5G)、大数据、云计算等技术。打造一批智慧旅游城市、旅游景区、度假区、旅游街区,培育一批智慧旅游创新企业和重点项目,开发数字化体验产品,发展沉浸式互动体验、虚拟展示、智慧导览等新型旅游服务,推进以"互联网+"为代表的旅游场景化建设。通过互联网有效整合线上线下资源,促进旅行社等旅游企业转型升级,鼓励旅游景区、度假区、旅游饭店、主题公园、民宿等与互联网服务平台合作建设网上旗舰店。鼓励依法依规利用大数据等手段,提高旅游营销传播的针对性和有效性。

2. 加快新技术应用与技术创新

加快推动大数据、云计算、物联网、区块链、5G、北斗系统、虚拟现实、增强现实等新技术在旅游领域的应用普及,以科技创新提升旅游业发展水平。大力提升旅游服务相关技术,增强旅游产品的体验性和互动性,提高旅游服务的便利度和安全性。鼓励开发面向游客的具备智能推荐、智能决策、智能支付等综合功能的旅游平台和系统工具。推进全息展示、可穿戴设备、服务机器人、智能终端、无人机等技术的综合集成应用。推动智能旅游公共服务、旅游市场治理"智慧大脑"、交互式沉浸式旅游演艺等技术研发与应用示范。

3. 提高创新链综合效能

加强旅游大数据基础理论研究,推动区域性和专题性旅游大数据系统建设,推动建立一批旅游技术重点实验室和技术创新中心,遴选认定一批国家旅游科技示范园区,全面提升旅游科技创新能力,形成上下游共建的创新生态。推动政府、企业、高校、科研院所等主体间资源整合联动,构建开放高效的协同创新网络,鼓励开展旅游应用创新合作,支持一批旅游科技创新工程项目。实施创新型旅游人才培养计划。

三、酒店新业态下的新职业与新岗位

数字化已经融入人们生活和工作的各种场景中。现如今,消费者对移动互联网、社交媒体等数字技术的应用程度大大加深。在酒店业,数字化技术和运营方法正在帮助酒店建立品牌影响力并为客人提供更好的服务体验。但最近的研究也表明,酒店业很多从业人员缺乏数字素养和技能。在酒店业与新一代信息技术深度融合的年代,很多岗位对数字化技能要求会持续增长。酒店的岗位变化出现两个趋势:一个是在传统岗位的工作内容通过数字化得以创新;另外一个是新增了诸多数字化运营相关岗位,例如数字营销、内容营销、电子商务、社交媒体管理、数字化客户体验、客户关系管理、收益管理、数据分析、数据安全等。有些岗位的员工未必会在酒店中工作,而是会在为酒店业提供营销、服务和技术支持的企业,或者是连锁集团总部中工作。

酒店业的一些新增岗位将会非常有趣。举个例子来说,语音技术在酒店业中正在普及,使得酒店能够以一种前所未有的方式在更多场景与客人互动。如何让在客房中的智能音箱能够准确回答客人有关产品、服务和活动等业务问题至关重要,而不能让智能音箱仅仅执行回答天气、调整房间温度、开关窗帘这些简单的任务。所以,酒店业需要能够将业务知识和自然语言处理技能应用综合起来的复合型人才对人与机器的对话进行语言分析,从业务角度分析在酒店不同场景下客人的动机和需求,确保在酒店使用的语音技能能够有足够的理解能力回复客人的需求。

再举一个例子,营销和客户关系管理工作在酒店业至关重要,随着客人行为日益在线化,酒店的营销和客户关系管理将越来越多从"人对人"转向"计算机对人"的方式,如果能够正确使用用户的数据,将有效促进营销效果和提升客户满意度。但如果不能够将业务上的问题从数据层面进行解读和分析,或者不能从数据背后找到业务的问题,很多工作将事倍功半。酒店业需要既掌握娴熟的业务知识同时又具备构建数据能力的复合型人才,因此,数据分析师这个新岗位将在酒店业变得越来越重要。

同样,对于社交媒体运营岗位来说,如果不懂酒店的业务知识和酒店客人的需求,很难在社交媒体内容创造方面引起客人的兴趣。对营销人员来说,除了精通酒店业务知识外,还要懂得分析客人关于酒店的线上行为数据,并通过数据分析促进客人的转化。营销人员需要是掌握业务和营销技术的复合型人才。

主要术语

1. 五年规划:五年规划的全称是"中华人民共和国国民经济和社会发展五年规划纲要"。它是中国国民经济计划的重要部分,属于长期计划,主要对国家重大建设项目、生产力分布和国民经济重要比例关系等做出规划,为国民经济发展远景规定目标和方向。

2. 供给侧结构性改革:供给和需求构成了一个完整的市场,需求侧主要是指买方,而供给侧主要是指卖方和生产端,也就是提供商品或者服务的企业或者组织。供给侧结构性改革是一种新的让经济增长的方式。经济增长有"三驾马车",包括投资、消费和出口,这"三驾马车"就是经济的需求侧,与之对应的就是供给侧。以前想到经济增长,就是扩大内需、刺激消费。而供给侧结构性改革是一种新思路和新方法,就是要合理提高生产能力。它是解决产能过剩、经济结构不合理等问题的新"药方"。

3. 内需:经济学名词,即内部需求,包括投资需求和消费需求两个方面。一般把对外国的出口看作外需,内需就是相对的国内的需求。经济增长有"三驾马车",即扩大国内投资、刺激国内消费和扩大外贸出口。扩大内需主要是通过扩大国内投资和国内消费来带动国民经济增长。

4. 都市圈:以一个或多个中心城市为核心,以发达的联系通道为依托,由核心城市及外围社会经济联系密切的地区所构成的城市功能地域。

5. 职业教育适应性:它有两方面的内涵,一是职业教育需要根据外部经济社会环境变化来调节内在发展;二是通过调整职业教育内部发展不适应的情况来促进外部经济社会的发展,从而实现职业教育与经济社会的相互促进。

任务小结

《中华人民共和国国民经济和社会发展第十四个五年规划和2035年远景目标纲要》为中国酒店业的发展指明了新方向并带来了新的发展机遇。促进服务业的繁荣发展将促进酒店业的多元化发展；强大的国内市场和完整内需体系建设将促进酒店业供给侧结构性改革；城市群一体化发展和现代都市圈建设为酒店业发展带来广阔市场；推动文旅融合和社会主义繁荣工程将促进酒店业高质量发展；打造数字经济新优势和数字社会建设将促进酒店业数字化转型发展；增强职业教育适应性将促进酒店业高素质和高层次技术技能人才的培养。

国务院印发的《"十四五"旅游业发展规划》提出要坚持创新驱动发展，加快推进以数字化、网络化、智能化为特征的智慧旅游，深化"互联网+旅游"，拓展新技术的场景应用。具体措施包括推进智慧旅游发展、加快新技术应用与技术创新和提高创新链综合效能。

在数字时代，酒店业新业态的发展产生很多新职业和新岗位：一方面是传统岗位的工作内容通过数字化得以创新；另外一个是新增了诸多数字化运营相关岗位。

训练题

一、自测题

1. "十四五"规划为中国酒店业的发展指明了新方向，带来的新的发展机遇有哪些？
2. "十四五"规划为酒店业的供给侧结构性改革指明了什么方向？

二、讨论题

1. "十四五"规划为酒店业带来的新机遇有哪些？
2. 加快新技术应用与技术创新对酒店业的人才培养有哪些需求？

三、实践题

以小组为单位，选择一个酒店，设计一些新增岗位，并描述新增原因和岗位主要职责。

任务3　酒店信息化与酒店数字化概念

一、认知酒店信息化

(一)信息化的概念及发展演变

日本著名学者梅棹忠夫(Tadao Umesao)1963年在《论信息产业》中提出信息化的概念。他将信息化定义为"信息化是指通信现代化、计算机化和行为合理化的总称"。其中,通信现代化是指利用现代通信技术交流信息,计算机化是指利用计算机技术管理信息,行为合理化是指人类行为遵循公认的合理准则。梅棹忠夫是一位人类学家,其主要研究领域是人类学、生物学。他在研究人类演进的时候,得出了农业社会、工业社会和信息社会演进的次序,结合当时社会关注的新型计算机技术给人类带来的挑战,提出了"信息产业"的概念,思考计算机技术给人类生活、经济以及社会可能带来的影响,并明确提出了"信息将成为很重要的经济要素"的观点。梅棹忠夫之后提出了信息化理论,并迅速在全球传播。20世纪70年代后期,西方社会才开始普遍使用"信息社会"和"信息化"。

20世纪80年代中后期,科学技术进步推动社会经济和国家实力的发展成为人类共识。1988年,邓小平同志提出"科学技术是第一生产力"的重要论断。这是以全新的视角,对科学技术在当代生产力和社会经济发展中第一位的作用作出了及时、明确的理论概括,把科学技术之于国家发展的重大意义提升到了前所未有的高度。这个论断也是对马克思主义科学技术观和生产力理论的继承和发展,是对中国社会主义现代化建设实践的科学总结。

在1997年举办的中国首届全国信息化工作会议上,"信息化"被定义为:"培育、发展以智能化工具为代表的新的生产力并使之造福于社会的历史过程。"2006年中共中央办公厅、国务院办公厅印发了《2006—2020年国家信息化发展战略》,在该文件中,信息化被定义为:"充分利用信息技术,开发利用信息资源,促进信息交流和知识共享,提高经济增长质量,推动经济社会发展转型的历史进程。"劳动者、劳动资料和劳动对象是生产力主要的三个要素,科学技术被劳动者掌握,便成为劳动的生产力;科学技术作为劳动资料和劳动对象,就成为物质的生产力。科学技术的应用程度决定了信息化的程度,从而推动社会历史的发展进程。

联合国在1998年出版的《知识社会》将信息化定义为"既是一个技术的进程,又是一个社会的进程,它要求在产品或服务生产过程中实现管理流程、组织机构、生产技能以及生产工具的变革"。信息化的本质特征是利用信息技术处理信息,包括获取信息、转换信息、存储信息、传输信息、加工信息和利用信息等,这也是信息化工具必须具备的功能。信息化代表新的生产力,信息化工具代表新的生产工具。人们的生产方式、生活方式、学习方式、交往方式及人类社会都会因信息化而发生极其深刻的变化。联合国对"信息化"的定义也强调了信息技术的发展推动了生产力的发展,从而更深层地推进了生产关系的变革。生产力的发展体现为生产技能与生产工具的发展,生产关系的变革则体现为管理流程与组织机构的变革。

综上所述,信息化是一个广义的概念。信息技术的发展在应用程度上可以分成初级信息化、数字化、智能化三个层次。本书所说的信息化是指广义信息化里面的初级信息化层次,是企业应用信息技术及产品的初级应用阶段,是企业借助计算机软件、硬件、网络及多媒体等技术手段来代替重复及复杂的手工操作,实现数据信息共享,从而提高企业内部的运营效率。这个阶段的信息化具备两个特征。首先,信息化大部分是发生在第三代移动通信技术 3G 网络之前(包括 3G);其次,信息化实施的目的是替代企业内部的手工操作,以提高企业的内部运营及管理效率。

(二)酒店信息化

长期以来,酒店业都是一个劳动密集型产业,无论是在内部还是对客服务,都需要依赖标准和流程的建立。为了提高工作效率,其对信息化有很强的依赖性。酒店业常说的"酒店信息化"主要是指"初级信息化"阶段,是指借助计算机软件和硬件、网络等技术来代替部分或更多的酒店手工操作,从而提高酒店内部的管理和运营效率。

酒店信息化应用的产生与发展大体上经过了如下两个阶段,并有显著的应用特征,具体如下。

1. 阶段一:电算化阶段(1990 年之前)

1)发展背景

高端酒店是一个集客房、餐饮、会议、休闲、商务及其他各种服务与设施于一体的消费场所。酒店组织结构庞大、服务项目内容繁多、接待客流量大。因而,如何提高工作效率、降低成本、提高服务质量和管理水平成为酒店管理人员的最大痛点。借助计算机技术来对酒店管理和运行过程中的人流、物流、资金流和信息流进行信息化的输入、存储、处理和输出是酒店管理者必然的选择。早期的酒店信息化应用正是为此目的而设计的。

2)信息化应用与特征

酒店业以替代手工操作为目的而引入计算机电算系统,使得酒店工作人员可以利用计算机系统来处理简单、琐碎、重复性的工作。例如在酒店财务管理上,工作人员可以用计算机完成收银、总账、出纳、对账等财务工作;在酒店客房管理上,工作人员可以用计算机实现可用房查询、客房统计报表等工作。在客人入住酒店后,酒店工作人员可以使用计算机管理系统完成入住登记、收银、查询、结账、报表生成等多个工作任务等。这些计算机应用对酒店实现局部业务的信息化,提高工作效率及改善服务质量等起到了积极的作用。

从现在的数字化视角看,这一阶段酒店信息化应用的局限性是酒店管理系统并没有从深层次上改变酒店业的管理流程,仅仅是替代手工操作或对流程的计算机模拟。目前,这还是很多酒店的信息化实施的典型特征。

2. 阶段二:自动化阶段(1990年—2000年)

1)发展背景

随着计算机技术在智能楼宇控制自动化和酒店设施设备管理监控方面的广泛应用,酒店设备运行管理也在往自动化方向发展。酒店业逐步迈入高层次的信息化应用阶段,即自动化阶段。

2)信息化应用与特征

酒店开始大量使用暖通空调监控系统、给排水监控系统、供配电与照明监控系统、火灾报警与消防联动控制系统、电梯运行管理系统、出入口控制及门禁系统等实现设施设备运营管理的自动化,逐步发展成为由中央管理站系统、各种直接数字控制器(Direct Digital Control,DDC)及各类传感器、执行机构组成的,能够完成多种控制及管理功能的智能化自动化控制系统。与此同时,酒店信息化在这一阶段的另外一个典型应用方向是酒店办公自动化。酒店管理者通过能够覆盖酒店各业务部门的办公自动化(OA)系统,实现文档和信息方便、快捷、准确的传递与管理。

从现在的数字化视角看,这一阶段酒店信息化应用的局限性是信息化系统有从深层次上改变传统酒店业的内部管理流程的能力和可行性,但是酒店经营管理者的思维、信息素养和信息素质远未达到借助于信息化去彻底改变酒店经营管理模式和增强核心竞争力的要求。酒店信息化发展的挑战主要是数字化人才的缺乏。

二、认知酒店数字化

(一)数字化概念及发展

在英文中,"数字化"实际有两个含义不同的单词,一个是Digitization,另外一个是Digitalization。Digitization的概念起源于1938年,美国密歇根州立大学研究生克劳德·艾尔伍德·香农(Claude Elwood Shannon)在其硕士论文中用数字"1"和"0"表示布尔代数(用于集合运算和逻辑运算的公式)的"真"与"假"和电路系统的"开"与"关",这奠定了数字通信的基础理论。香农后来被公认为信息论及数字通信时代的奠基人。

本书中所指的"数字化"在英文中是Digitalization,这也是酒店业现在数字化的概念。"数字化"(Digitalization)的目的是企业利用人工智能、云技术、大数据等新一代信息技术将企业的业务流程全过程数据化,通过数据驱动管理决策,用数据驱动运营流程,用数据驱动产品和服务,用数据驱动业务,这样企业就构建了不断驱动业务的数据资产,为企业重构商业盈利模式创造了可行性。

数字化是实现智能化的前置阶段和前置条件。智能化是指企业通过利用大数据和人工智能技术实现服务、运营和决策的智能化,达到可预测、可配置、自优化、自适应的能力阶段。数字化是数据驱动的,而智能化不仅仅是数据驱动,更是算法驱动。智能化是数字化能力的提升,使系统变得更加聪明。近年来,从数字化和智能化的概念中又演变出一个新词——"数智化",其实是数字化与智能化概念的混合体。

综合上述,初级信息化是数字化的基础,数字化是智能化的前提。

(二)酒店数字化

酒店数字化是"把物理世界映射或迁移到数字世界"的过程,是利用最新数字技术改变酒店运营流程、运营模式甚至业务模式的过程。

从酒店数字化发展过程来看,数字化在酒店业经历了三个发展阶段。每个阶段都有显著的应用特征,具体如下。

1. 阶段一:网络化阶段(约 1995 年—2005 年)

1)发展背景

互联网催生了数字经济的发展,互联网技术成为推动经济发展的巨大动能,包括酒店业在内的各行各业都开始实施"数字化"发展战略。以高速宽带数据网络为载体的"数字化酒店"(Cyber Hotel)也在这个阶段应运而生。

2)数字化应用与特征

数字化酒店不仅仅是指酒店有接入高速宽带,使得客人能够在酒店内高速上网,它还包含了丰富的网络应用。例如,对客人,数字化酒店创建官方网站供访客浏览,并在网站上提供订房、促销与活动信息及互动式的数据查询和客人自助服务功能;对管理者,提供酒店管理信息系统(Hotel Management Information System,HMIS)突破业务电算化阶段的功能局限性,提高酒店科学管理水平;对员工,提供移动办公系统,提高工作效率。酒店业在这一阶段的数字化应用重点是网上实时订房业务和数字化营销。酒店通过网络宣传企业品牌形象和产品服务,开展网上预订业务。客人通过网络了解酒店设施和服务,选择所需要的服务进行在线预订。酒店可以通过网络与客人进行双向互动式交流,为客人提供更为个性化的产品和服务。这些应用强化了酒店的核心竞争力,比打价格战要更为有效。高速互联网接入是网络化阶段中酒店的基础设施。

2. 阶段二：集成化阶段（约 2006 年—2015 年）

1）发展背景

酒店信息管理系统在酒店业的深入使用，为酒店实现信息共享和业务持续改进提供了最佳实践条件。酒店业信息化步入了酒店流程再造的全新的集成化应用阶段。在这个阶段，酒店软件系统在业务上的应用主要包括宴会与销售管理、财务管理、人力资源管理、前台管理、餐饮和成本控制管理、工程设备管理、采购和仓库管理、客房服务、商业智能分析等领域。

在信息化阶段，各个系统之间并没有打通，各自为战，从而产生了"数据孤岛"，即数据在不同部门独立存储，独立维护，彼此间相互孤立，形成了物理上的孤岛。而在集成化阶段，各个软件系统模块之间可以无缝集成，数据可以实现互联互通。数据的互联互通为酒店进行酒店业务流程再造（Business Process Reengineering，BPR）创造了条件，促进酒店将传统的组织结构向以客户需求为导向的组织结构转变。酒店流程再造要求酒店对信息技术体系进行统一架构，并同酒店的新业务流程及组织的管理目标相互适应和协调，通过数据能够驱动业务的发展，从而形成酒店在数字时代的新竞争优势。

2）数字化应用与特征

经过业务流程再造的酒店有显著的差异化特征。酒店运营全过程中的各个环节都可以无缝衔接。客人可以用智能手机查询和对比酒店信息、产品和服务项目与特色、客户评价等自己所关心的内容，然后进入预订系统查询房态和实时房价，并进行实时预订，甚至可以提前选择具体某一间房。当客人到达酒店后，客人可以在前台办理极速入住甚至自助办理入住。在住店过程中，客人可以扫码点餐，让机器人送餐，而各种消费项目通过系统迅速、精确地汇总到客人账单上，客人通过房内电视或者手机就可以了解账单并通过手机支付，发票也可以自动发送到客人手机中。

此外，通过智能技术，楼层服务员再也不用敲门查看房内是否有人。因为在客房内安装的红外线安全消防监控系统可以自动感应客人是否在客房内。客房小酒吧也可以实现自动化的管理，客人在小酒吧上的消费可以实现自动记账和监控，并提示服务员及时补充酒水和食品。当客人结账离店后，满意度问卷自动发送到客人手机中。酒店高层管理者可以随时通过手机实时了解各项经营数据，查看报表。

系统中的数据经过集成化处理后将为经营管理者制定决策提供准确且及时的信息，使酒店管理方法逐渐由经验管理转向数据驱动的科学管理。良好的酒店集成化应用可以保证酒店一体化和规范化运作，确保酒店内部的业务流程实施效果，降低酒店运营成本和提高效率，并通过实时获取的数据和信息来支持管理者做及时和准确的决策。

3. 阶段三：协同化阶段（约2016年到现在）

1）发展背景

相对于传统信息化来说，数字化基础设施为企业赋予了新的技术能力，大数据、物联网、云计算和人工智能等技术使得企业具有了构建高效协同平台的技术可能性。在政府层面，协同是当前中国数字政府建设的重点和亮点。2021年4月，国家互联网信息办公室在第四届数字中国建设峰会上发布了《数字中国发展报告（2020年）》，提出"十四五"时期要"打造高效协同的数字政府"。在地方上，运用数字化手段促进跨层级、跨系统、跨业务的协同正在快速展开。

酒店业的数字化也逐步向协同化阶段发展。酒店协同化应用是建立在集成化基础上的，通过互联网技术构建统一的信息应用平台，将酒店、客户、员工、供应商、合作伙伴等各利益相关方联为一个生态体，从而实现跨行业、跨机构、跨地域，并且实时在线的、端对端数据无缝交换的业务协同运作体系。这个协同生态体系的建设使得酒店与其他连入平台生态体系的伙伴一起能够真正以客户需求为导向，向客户提供个性化的服务，提高客户满意度和客户黏性。

2）数字化应用与特征

在数字化协同阶段，酒店业需要从内部和外部两个方面构建数字化协同目标。首先是酒店内部数字化协同；其次是外部数字化协同。在新一代数字技术广泛应用的环境下，酒店的竞争方式也发生了新的变化。酒店的市场经营环境是由一群共同生存和发展的企业创造的，它们之间有竞争但更多的是合作，共同保持商业生态的平衡。

三、酒店信息化与酒店数字化的区别

酒店信息化与酒店数字化是信息技术在不同阶段不断迭代发展的必然产物，同时也是酒店管理和运营模式不断发展的产物。

酒店信息化与酒店数字化之间首先是时间产生次序不同。酒店信息化在先，是酒店数字化的基础，是工业社会的产物。酒店数字化在信息化后，是信息社会的产物，也是大数据时代酒店实现智能化运营的前提。信息化和数字化两者之间的实施目的也不同，酒店信息化以替代酒店手工操作，提高酒店内部运营效率为目的，酒店数字化以全流程数据化为目的，重构酒店业务流程，进而改变酒店组织架构及商业盈利模式。

信息化和数字化的区别简单概括在图1-1中。信息化的目的是现有流程的自动化，数字化的目的是重构业务流程；信息化的方案是以部门需求为中心的，而数字化的方案是以客户需求为中心；信息化的实施是在单个业务触点上进行，而数字化的实施是在全触点上统筹开展；信息化的结果是产生了数据孤岛，导致数据割裂，而数字化的结果实现了数据的互联互通；信息化的管理还是停留在经验思维层面，而数字化的管理则是数据驱动的思维层面。

信息化	数字化
现有流程自动化 以企业内部需求为中心 有限业务触点实施 有限业务数据化，数据割裂 经验思维	重构业务流程 以外部客户需求为中心 全触点实施 全业务数据化，数据互联互通 数据思维

图 1-1　信息化与数字化的区别

主要术语

1. 信息化：信息化是充分利用信息技术，开发利用信息资源，促进信息交流和知识共享，提高经济增长质量，推动经济社会发展转型的历史进程。信息化既是一个技术的进程，又是一个社会的进程，它要求在产品或服务生产过程中实现管理流程、组织机构、生产技能以及生产工具的变革。

2. 初级信息化：企业借助计算机软件和硬件、网络等技术来减少重复及复杂的手工操作，实现数据信息共享，从而提高企业内部的运营效率的发展阶段。

3. 数字化：企业利用人工智能、云技术、大数据等新一代信息技术将企业的业务流程全过程数据化，通过数据驱动管理决策、用数据驱动运营流程、用数据驱动产品和服务、用数据驱动业务，这样企业就构建了不断驱动业务的数据资产，为企业重构新的商业盈利模式创造了条件。

4. 智能化：企业利用大数据和人工智能技术实现服务、运营和决策的智能化，达到可预测、可配置、自优化、自适应的能力阶段。

5. 数智化：数据驱动的"数字化"与数据和算法驱动的"智能化"概念的混合体。

6. 集成化：各个软件系统模块之间可以无缝集成，数据可以实现互联互通。

7. 协同化：在集成化基础上，通过互联网技术构建统一的信息应用平台，将企业、客户、员工、供应商、合作伙伴等各利益相关方联为一个生态体，从而创建跨行业、跨机构、跨地域，并且实时在线的、端对端数据无缝交换的业务协同运作体系。

8. 业务流程再造：以业务流程为改造对象和中心，以关心客户的需求和满意度为目标，利用先进的信息技术以及现代的管理手段，通过对企业战略、运营流程以及支撑它们的系统、策略、组织和结构的重组与优化，打破传统的职能型组织结构，建立全新的组织结构，达到工作流程和生产力最优化，实现企业经营在成本、质量、服务和速度等方面获得突破性改善的目的。

信息化是一个广义的概念,并分成初级信息化、数字化、智能化三个层次。酒店业常说的"酒店信息化"主要是指初级信息化阶段,是指借助计算机软件和硬件、网络等技术来减少酒店手工操作,从而提高酒店内部的管理和运营效率。酒店信息化应用的产生与发展大体上经历过电算化阶段(1990年之前)和自动化阶段(1990年—2000年)。

酒店数字化是"把物理世界映射或迁移到数字世界"的过程,是利用最新数字技术改变酒店运营流程、运营模式甚至业务模式的过程。数字化在酒店业经历了网络化阶段(约1995年—2005年)、集成化阶段(约2006年—2015年)和协同化阶段(约2016年到现在)。酒店信息化与酒店数字化的区别在于时间产生次序不同和实施目的不同。

一、自测题

1. 简述酒店信息化的基本概念。
2. 简述酒店数字化的基本概念。

二、讨论题

1. 从酒店数字化发展过程来看,数字化在酒店业经历了三个发展阶段,分别是哪三个阶段?
2. 酒店信息化与酒店数字化的区别是什么?

三、实践题

以小组为单位,分别从酒店信息化和酒店数字化两个方向讨论,两者对于酒店管理运营分别有何利弊。

任务4 酒店数字化转型与酒店数字化运营概念

一、认知酒店数字化转型

(一)数字化转型的概念

2020年,国务院国资委正式印发《关于加快推进国有企业数字化转型工作的通知》,明确国有企业数字化转型的基础、方向、重点和举措。对于服务业,数字化转型的示范领域是"着力推进智慧营销、智慧物流、智慧金融、智慧旅游、智慧供应链等建设,推动实体服务网点向虚拟智慧网点转变,打造智慧服务中心,发展基于互联网平台的用户服务,打造在线的数字服务产品,积极创新服务模式和商业模式,提升客户体验,提高客户黏性,拓展数字服务能力,扩展数字业务规模"。

数字化转型(Digital Transformation,DX)是第四次工业革命的"代名词"。前三次工业革命的标志是创新技术的普及。而第四次工业革命是物联网、大数据、云计算、人工智能等技术驱动的全自动智能技术应用。国际数据公司(IDC)将数字化转型定义为"利用数字化技术(云计算、大数据、人工智能、物联网、区块链等)和能力来驱动组织商业模式创新和商业生态系统重构的途径和方法"。数字化转型的目的是实现企业业务的转型、创新和增长。

结合数字化转型的发展变革,数字化转型可以最终定义为:企业利用移动互联网、物联网、云计算、大数据、人工智能等新一代数字化技术,以客户需求为导向,驱动业务变革,改变现有的业务流程、组织结构、企业文化,形成全链路业务的数字化,最终在数据资产的基础上建立企业新的竞争优势,构建新的商业模式,使得企业在快速变化的商业环境中实现用户增长和商业模式创新。

上述数字化转型定义中特别强调以下几点:

(1)只有企业对其业务进行系统性的、彻底的(或重大和完全的)重新定位,包括对组织、运营、流程、文化及业务模式的方方面面进行重新定义,而不仅仅是聚焦在IT系统,数字化转型才会成功;

(2)只有企业全面拥抱数字化并使用数字新技术进行业务流程创新,实现全链路业务数字化,形成数据资产,数字化转型才会成功;

(3)商业模式的重塑及新的竞争优势是数字化转型的目标,而数字化新技术是工具、手段,是数字化转型的催化剂,用于加速目标的实现;

(4)企业需要以客户需求为导向,以全新的思维模式和工作方式推动新的服务流程,以便在用户生命周期的每个接触点更有效地吸引用户,实现用户的持续增长。

(二)酒店数字化转型的概念

1.酒店数字化转型的背景和动机

数字化转型不是一个技术概念,实际涉及酒店的战略、业务、组织、流程、IT和技术多方面的内容。衡量酒店数字化转型是否成功的标准是酒店的核心价值和竞争优势有没有通过数字化转型得到提升。酒店开展数字化转型的动机可以从业务与技术两个角度来进行分析。

1)业务角度

业务目标驱动了酒店数字化转型。酒店开展数字化转型的动机很多还是实现围绕酒店战略和业务目标而产生的。酒店在信息技术方面的投入越来越多,酒店业主和管理者很关心投入巨大人力和财力去构建的系统和IT能力能否高效地支撑酒店业务目标和战略目标达成。业务发展是信息技术投入的驱动力,因此,信息技术的投入需要匹配酒店战略方向和经营目标。在酒店业务目标达成过程中,如果大家可以看到在引入更多的数字化技术后,整个技术平台能够更加高效、敏捷、自动化和更好地支撑业务目标与战略达成,那么这个数字化转型是有意义的,即为酒店创造了价值,提升了酒店核心竞争力。

2)技术角度

数字化技术推动业务发展。在数字时代,企业运营有一个新特征,即信息技术能反向推动业务流程的改进和业务战略目标的达成。移动互联网、新媒体、物联网、云计算、大数据、人工智能、区块链、元宇宙等各种新的技术概念和技术应用不断发展,并对酒店传统的产品和服务,市场营销、业务流程产生了巨大的影响。例如,酒店传统市场营销方法往往已经满足不了激烈市场竞争的需求,酒店现在亟须解决的是如何建立数字化营销体系、获取相关工具和方法。数字营销是一个包括新技术、新营销和新运营模式的综合性领域,酒店传统的市场营销部门和市场营销人员由于缺乏数字化思维和技术应用能力,往往难以深入去思考如何构建新的数字化营销体系;相反,酒店的新岗位——首席信息官(CIO)就具备这种构建和实施能力。那些有技术背景,同时又熟悉酒店内部业务和核心价值链的CIO就成为酒店数字化转型的核心领导者之一。CIO的职责不是单纯的IT建设,而是在快速变化的环境中构建IT能力来驱动业务发展。在这个发展趋势下,酒店信息技术部门也不再是单纯的成本中心,而可能变化为利润中心。有远见的酒店高层管理者意识到,虽然新技术很重要,但是新技术下产生新的业务模式和商业逻辑更加重要,只有对新的业务模式清楚了解后,或者对业务流程进行重构后,才能够更加清晰地认知如何利用新技术去驱动战略和目标的达成。

2. 酒店数字化转型的内容

酒店数字化转型需要立足于顶层设计,结合酒店本身的核心能力,包括产品能力、服务能力、渠道覆盖能力,依托酒店自身差异化优势,面向未来去制定酒店数字化转型的总体目标和阶段性目标。数字化转型没有可以复制的路径和方法,但基本上都包括以下三个方面的内容。

1)连接

数字化转型需要解决酒店运营的生态体系中的人与人、人与物、物与物的连接问题,通过万物互联去实现"把物理世界映射或迁移到数字世界"。

2)数据

数字化时代,现实世界中人、事、物之间千丝万缕的关系和状态都可以用数据来描述,数据是反映客观事物的性质、状态、关系和变化的原始素材。人与人、人与物、物与物之间构建的连接关系只能通过数据来实现和描述,从而形成对现实世界的抽象。数字化转型过程中形成的数据是海量的数据,也就是常说的"大数据"。

3)智能

有足够的数据作为深度学习的材料,计算机就可以从中找到规律,学会以往只有人类才能够理解的知识,并使得机器产生智能。数据是数字化转型中实现智能化运营的基石,是人工智能技术的驱动力。

在酒店数字化转型的上述三个内容中,"连接"是用于解决酒店业务链之间的协同问题的,通过连接,实现业务协同,从而产生数据沉淀,通过数据的存储处理、管控治理形成数据服务能力去驱动业务增长。同时数据持续积累又进一步为酒店使用机器学习、深度学习等人工智能技能、实现智能化运营创造条件。从某种程度上说,酒店数字化转型不仅仅是"转型"的意思,还是"数字颠覆",是工作方式和思维方式的破坏性进化。数字化转型是通过数字技术进行颠覆性的变革。它带来的创新从根本上颠覆了现有的价值观和框架。这种颠覆性主要表现在:

(1)为酒店的产品、服务和商业模式构建新的价值和收入创造机会;

(2)重组酒店流程,用数字技术来提高生产率,降低成本,减少现有业务的时间;

(3)重新思考业务本身,改变酒店的工作方式及服务方式;重新审视酒店组织架构,建立适应数字化运营的企业文化。

(4)将传统岗位从"以人为主、技术为辅"转向"以技术为主、人为辅",使得新酒店人可以为客户提供更有温度的个性化服务,从事更有价值的创造性工作。

酒店数字化转型是一场酒店业的变革,这种变革要渗透酒店的每一个部门、每一个岗位和每一个流程中,不能只依赖酒店技术部、营销部或者其他业务部门来推动和完成。酒店数字化转型不是技术升级和更多的技术投资,而且以客户为核心去推动流程变革和问题解决,它必须是自上而下的推动,上至酒店总经理,下至各部门基层管理者和一线员工,都必须有数字化转型所需要的数字化思维和一定的技术应用能力,并达成一致的认知和勇气,因为数字化转型需要对核心流程和能力进行彻底的改革,甚至裁撤某些职能、岗位甚至部门,以全新的方式更快、更好地服务客户,使得酒店的运营从劳动密集型向数字智能型转变。

二、认知酒店数字化运营

(一)酒店数字化运营的背景

在信息化阶段,酒店虽然大量使用信息技术,但本质上并没有改变流程,只不过从手工输入变成了计算机输入,将烦琐的任务"外包"给了新的工作者——电脑。酒店行业的数字化转型的结果必然是智能化程度的大幅度提升,在智能化运营的环境中,传统的信息系统将会被自动化、智能化系统快速取代。换言之,一些原来需要使用人来进行系统操作的岗位将被智能化、自动化的机器人取代。如今，很多酒店集团正在借助于大数据和人工智能技术重新定义酒店业，并已经产生了一些革命性的变化。人工智能和机器学习可以帮助酒店实现很多工作任务的自动化，酒店前厅部、客房部、市场营销部、客户服务部、财务部、采购部、人力资源部、工程部和安保部的很多岗位和工作流程将可以看到人工智能机器人的身影。

2021年，教育部印发了《职业教育专业目录（2021）年》，将高职"酒店管理"专业更名为"酒店管理与数字化运营"专业。专业的更名说明了数字化运营是行业和教育界的共识。那么，是不是在高校人才培养目标和课程设置中增加更多的信息化课程，并且训练在校学生熟练掌握行业现有软件的使用就符合行业中对"数字化运营"工作的理解呢？其实不然，"数字化运营"和"信息化应用"是两个有显著差异的概念。仅仅是训练学生掌握更多行业系统的操作的此类实训课程并不能真实反映"数字化运营"的工作过程和运营内涵，也不能实现酒店业所需要的"数字化运营人才"培养目标。高等职业教育是为酒店业的未来培养高素质技术技能人才。酒店业的未来是"数字化运营"，而不是人们眼前看到的"信息化应用"。酒店管理与数字化运营专业的大学生和有志于推动中国酒店业创新发展的酒店管理者必须要正确理解"数字化运营"的概念，从而才能够思考酒店业现有的运营模式是否会失效？何时会失效？未来将会如何进化。要正确了解酒店业数字化运营的概念，首先需要对新一代信息技术有所认知，包括移动互联网、新媒体、物联网、云计算、大数据、人工智能、区块链和元宇宙等。其次，要了解新一代信息技术在客户入住酒店前、入住酒店中和入住酒店后是如何给客户带来数字化体验并满足客户需求的。最后，还需要了解酒店各个业务部门的数字化应用场景，才能够站在总体思维的角度去理解酒店业数字化运营的概念。

（二）酒店数字化运营的定义

数字化运营是由"数字化"和"运营"两个概念构成的。什么是"数字化"，在任务3中有详细的解释，数字化的本质是基于互联互通的数据进行业务驱动和科学决策。什么是"运营"呢？"运营"的本质是以客户需求为中心，将企业与产品和客户服务相关的各个业务环节进行统筹安排和资源配置，去实现企业业绩目标的过程。在信息化时代，运营受限于"数据孤岛"，在无法打通和共享数据的情况下，就很难做到精细化运营，无法适应当今客户需求快速多变、市场竞争激烈的环境，企业将面临极大的挑战。

"酒店数字化运营"是"酒店数字化转型"的结果。酒店数字化运营是指酒店借助于移动互联网、物联网、云计算、大数据、人工智能等新一代信息技术对产品、服务和运营流程进行重塑，打通数据，以便在用户生命周期的每个接触点更有效地吸引用户，提升用户价值和实现用户增长。并在运营流程的每个环节更有效地进行变革和创新，提升运营效率，实现数据驱动的业务增长模式。酒店数字化运营的关键特征是数据的互联互通和基于数据驱动业务。

综合上述,只有将"数字化"和"运营"作为一个统一的整体对待,酒店才能在数字化转型中获得成功。数字化运营也不是一个纯技术的概念,而是一个经营理念和企业文化。酒店是否实现"数字化运营",主要标志是能否实现在数据的互联互通的基础上建立依靠数据发现问题、分析问题、解决问题、跟踪问题的思维方式和管理文化。

(三)酒店数字化运营的内容

数字化运营的内容可能因行业和企业而有所差异,但是都包括如下三个核心部分:业务、数据、技术。

1. 业务

数字化运营是链接业务和数据技术的纽带,不能脱离业务而单纯基于数据做事情,那样会本末倒置。所以,数字化运营需要结合实际业务需求和业务场景,建立包括产品运营、渠道运营、客户运营、供应链运营、风控运营在内的统一业务管理体系,把人(员工和客户)、货(产品和服务)、场(场地、场景、渠道)等要素有效结合起来。这样,数据分析和分析结果才能有效地支撑业务创新和优化。

2. 数据

数字化运营的核心就是围绕数据开展数字化和智能化工作。所以数据分析、算法优化、数据标签体系分析与优化等都是开展有效运营的必备能力。有效的数据分析结果,有助于针对不同消费者进行精准营销,有效地提升客户体验和客户黏性。

3. 技术

无论是做什么运营,都不能脱离技术工具和底层平台。酒店的数字化运营离不开酒店各种业务系统以及支撑这些业务系统运营的平台系统的迭代升级,形成新的应用架构,并从技术上实现通过全量数据、实时数据驱动业务。

(四)数字化运营的意义

相较于传统运营,数字化运营会使酒店有以下两方面的改变。

1. 数字化运营是更为标准化的运营方式

将原本以人的经验判断来执行的运营方式转化为能够自动化、数据化、智能化执行的运营方式。例如重复的客服工作、繁杂的用户活动触达,这些大量的、重复性的工作通过数字化的工作方式能够解放运营人员,让他们能去进行创造性的工作,同时把人员变动可能对企业运营体系造成的破坏降到最低。

2. 数字化运营是更为精准化的运营方式

基于经验论的运营方式或许能够抓住一部分消费者,但难以持续支撑对消费者的精细化运营。精细化运营恰恰是如今商业环境获得最高投资回报率(ROI)的运营方式。通过数字化运营,酒店能够对消费者实现有效的分群分层运营,进行个性化精准的触达和提供消费者个性化服务体验。

(五)酒店数字化运营能力构建

酒店数字化运营的建设是基于数据运营的核心能力开展的。数字化运营的能力可分成"有数据""看数据""析数据""用数据"四个方面。酒店只有构建了这四个方面的能力,才能有效地推动酒店组织、流程、文化的迭代更新。

1. 有数据

数字化运营首先要构建"有数据"的能力。酒店需要结合酒店战略规划与业务需求,结合酒店业务场景,将业务问题数据化,从而规划分析并搭建业务数据指标体系。酒店需要基于需求场景与指标体系进行数据采集,数据采集包括自有多终端数据采集、历史及外部数据导入和数据打通。例如,通过用户数据平台打通一个用户在不同IT系统中的标识ID,实现用户全渠道和全链路的行为数据追踪。

2. 看数据

数字化运营需要构建"看数据"的能力。一方面,酒店需要搭建数据指标体系可视化看板,数据可视化看板可以提供酒店整体业务视角与酒店部门业务视角的数据,并提供业务线的相关指标数据展示;另一方面,酒店需要培养酒店所有业务相关人员能看懂数据,并且能够进行数据的可视化表达。

3. 析数据

数字化运营需要构建"析数据"的能力。酒店需要树立数据驱动业务增长的运营方法论。在日常运营中,酒店能够基于数据分析和洞察来发现业务问题并指导业务问题的解决,并通过数据分析来制定业务策略,打破数据分析与运营工作的割裂,为后续的酒店智能化运营做好准备。

4. 用数据

数字化运营需要构建"用数据"的能力。酒店能够有效运用数据挖掘酒店用户特征与偏好,从而搭建起完整的用户标签体系,并将用户标签打通至酒店各业务流中,实现在产品营销内容精准化触达和对客服务的差异化提供,最终实现营销和服务的自动化与精准化。酒店精准营销和用户个性化推荐就是典型的"用数据"的结果。

三、酒店数字化转型与酒店数字化运营的关系

随着全球信息应用技术架构大迁徙,酒店数字化转型正在经历从基于传统IT架构的信息化管理,迈向基于云架构的智能化运营。酒店数字化运营是酒店数字化转型的结果,数字化转型是酒店数字化运营得以实现的基础。

很多在实施数字化转型的酒店负责人在完成数字化系统和平台建设之后,突然发现好像跟最初的想象不一样,总感觉缺少了什么,产生的价值并不明显。此时,数字化转型的推动者们需要回归到开展数字化转型的初心上。技术是可以推动商业发生变革

的,但是只有技术,商业是不会发生变革的,商业与技术"两个轮子"必须有机结合、紧密配合,同时一定要始终思考企业服务的最终用户是谁,酒店数字化运营就是连接商业和数字技术最好的纽带。作为酒店数字化转型目标实现的结果——酒店数字化运营,关键要落实"以客户为中心""以数据为驱动""全链路整合服务"三个层面。

1. 以客户为中心

无论有远见的管理者如何开始变革,如何进行数字化转型,企业最终的目标都是更好地服务客户,从而让酒店保持基业长青、经久不衰。所以在设计数字化转型战略的时候,一定要以为客户提供更合适的产品与服务为出发点。数字化转型是以客户为中心开展的,作为数字化转型的结果,数字化运营工作必须以实现客户体验和客户黏性的提升为出发点。

2. 以数据为驱动

数字化时代,酒店运营最大的不确定性和最大的确定性就是海量数据。为什么说数据既是不确定性因素又是确定性因素呢?面对海量数据,有人视之为珍宝、有人弃之如垃圾。视之为珍宝的人认为可以从大量的数据里挖掘出有价值的内容,而且不断地思考如何创造更多的数据;弃之如垃圾的人觉得大量的数据占用了太多存储空间,浪费了太多的酒店IT成本。数字化转型过程一定会伴随海量数据的产生,这究竟是数字化运营的"珍宝"还是"垃圾",决定了数字化运营的成败。在数字化运营中,数据标签体系建设、数据模型优化、会员洞察分析、营销洞察分析、供应链洞察分析等都是用数据驱动业务并产生价值的方法。

3. 全链路整合服务

什么样的数据最有价值?什么样的数据最让酒店运营者头疼?很多酒店都存在下面的情况:对于同一个客户,在不同的业务部门和不同的业务系统中都有不同的数据、信息和标签;对于同一个商品,从订单到供应链都没有完整的数据链条,很难对商品进行整个链路上的数据分析和优化。所以数字化运营作为数字化转型的结果,需要与数字化转型的建设过程紧密结合,构建全链路的数据整合能力。

主要术语

1. 数字化转型:企业利用移动互联网、物联网、云计算、大数据、人工智能等新一代数字化技术,以客户需求为导向,驱动业务变革,改变现有的业务流程、组织结构、企业文化,形成全链路业务的数字化,最终在数据资产的基础上建立企业新的竞争优势和构建新的商业模式,使得企业在快速变化的商业环境中实现用户增长和商业模式创新的过程。

2.第四次工业革命:第一次工业革命是蒸汽机技术革命,第二次工业革命是电力技术革命,第三次工业革命是计算机和信息技术革命。第四次工业革命是21世纪兴起的全新技术革命,也称为"工业4.0",是由人工智能、生命科学、物联网、机器人、新能源、智能制造等一系列创新所带来的物理空间、网络空间和生物空间三者融合的工业革命。

3.数字化运营:借助于移动互联网、物联网、云计算、大数据、人工智能等新一代信息技术对产品和服务、运营流程进行重塑,打通数据,以便在用户生命周期的每个接触点更有效地吸引用户,提升用户价值和实现用户增长,并在运营流程的每个环节进行更有效的变革和创新,提升运营效率,实现数据驱动的业务增长模式。

任务小结

数字化转型(Digital Transformation,DT)是第四次工业革命的"代名词"。酒店数字化转型不是一个技术概念,而是涉及酒店的战略、业务、组织、流程和技术多方面的内容,主要包括连接、数据和智能三个方面。酒店数字化转型是一场酒店业的变革,这种变革要渗透到酒店的每一个部门、每一个岗位和每一个流程中。

"酒店数字化运营"是"酒店数字化转型"的结果。酒店数字化运营的关键特征是数据的互联互通和基于数据驱动业务。数字化运营的内容包括业务、数据和技术三个方面。酒店数字化运营的建设是基于数据运营的核心能力开展的。数字化运营的能力可分成"有数据""看数据""析数据""用数据"四个方面。酒店数字化运营就是连接商业和数字技术最好的纽带。作为酒店数字化转型目标实现的结果——酒店数字化运营,关键要在以客户为中心、以数据为驱动及全链路整合服务三个层面落地。

训练题

一、自测题

1.什么是数字化运营?请简要概述。

2.数字化运营的能力可分成几个方面?请简要概述。

二、讨论题

1.酒店想要实现数字化转型目标可以从哪几个方面入手?

2.酒店数字化运营核心内容主要包括哪几个方面?

三、实践题

以小组为单位,讨论酒店数字化转型需要从哪几个方面入手。

项目二
了解影响酒店数字化运营的关键技术

 项目概述

举一纲而万目张,解一卷而众篇明。酒店数字化运营过程中用到许多信息技术,因此掌握酒店数字化运营的关键技术成为重点。本项目分别从移动互联网、物联网、云计算、大数据、人工智能、区块链、元宇宙等新兴技术展开,介绍其基本概念、商业变革情况以及经典的应用案例。

 项目目标

知识目标
1. 了解酒店数字化运营中常用的关键技术。
2. 了解常用的关键技术中的典型案例。

能力目标
1. 具有理解酒店数字化运营过程中常用关键技术的能力。
2. 具有剖析典型案例把握本质的能力。

素养目标
培养学生认真思考、获取信息以及理解信息的基础素养。

酒店数字化运营概论

 知识导图

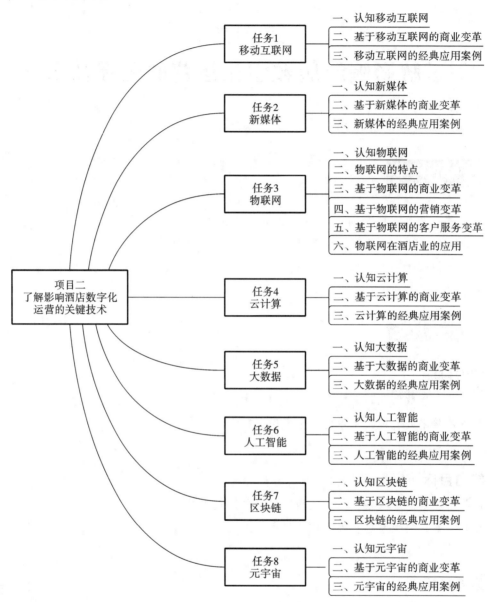

项目二 了解影响酒店数字化运营的关键技术

- 任务1 移动互联网
  - 一、认知移动互联网
  - 二、基于移动互联网的商业变革
  - 三、移动互联网的经典应用案例
- 任务2 新媒体
  - 一、认知新媒体
  - 二、基于新媒体的商业变革
  - 三、新媒体的经典应用案例
- 任务3 物联网
  - 一、认知物联网
  - 二、物联网的特点
  - 三、基于物联网的商业变革
  - 四、基于物联网的营销变革
  - 五、基于物联网的客户服务变革
  - 六、物联网在酒店业的应用
- 任务4 云计算
  - 一、认知云计算
  - 二、基于云计算的商业变革
  - 三、云计算的经典应用案例
- 任务5 大数据
  - 一、认知大数据
  - 二、基于大数据的商业变革
  - 三、大数据的经典应用案例
- 任务6 人工智能
  - 一、认知人工智能
  - 二、基于人工智能的商业变革
  - 三、人工智能的经典应用案例
- 任务7 区块链
  - 一、认知区块链
  - 二、基于区块链的商业变革
  - 三、区块链的经典应用案例
- 任务8 元宇宙
  - 一、认知元宇宙
  - 二、基于元宇宙的商业变革
  - 三、元宇宙的经典应用案例

 重点难点

重点：理解酒店数字化运营中常用的关键技术。

难点：理解酒店数字化运营关键技术典型案例。

 案例导入

实习生小李自从坚定了自己在酒店业的职业发展后，他就不断学习酒店数字化运营方面的知识和应用。他通过学校的校友网络资源向在其他酒店实习或工作的同学和师兄师姐们了解酒店数字化运营的情况。有一天,他的一位在一家酒店餐饮部工作的师兄告诉他,酒店厨房安装了一种神奇的摄像头,这个摄像头可以对厨房员工身份进行识别,判断其是否为正规持健康证上岗的工作人员,从而防止了无关人员进入厨房。更为神奇的是,这个摄像头可以判断厨师是否正确穿戴工装,是否正确佩戴厨师帽、手套、口罩。如果有工作人员在厨房进行抽烟、玩手机等违规动作,系统会马上预警。如果厨房出现了老鼠、蟑螂,系统也会预警。总而言之,这项技术实现了对酒店餐厅后厨工作的识别、抓拍、感测、预警,的确提高了厨房的工作质量。

另外一个在酒店客房部实习的同学告诉小李,他所在的酒店客房引入了 AI 智能小管家。在客房内,客人通过语音就可以操作闹钟设定、电视联动、影音娱乐、关闭/打开窗帘、调节灯光。此外,客人还通过 AI 客房智能设备联动客需助手,实现了点餐、送餐、开取发票、退房、续住等服务"张口就来"。

小李还从一个在酒店客房部实习的同学口中得知,他所在的酒店客房内配置了智能健身魔镜,客人在客房内进行瑜伽、冥想等活动时,魔镜可以对客人的实时动作进行识别、比对和纠错,并让客人享受专属的专业、丰富、有趣的健身课程,在"智能教练"的科学指导下完成锻炼,从而更好地达到健身效果。

小李对这些在酒店内的新技术应用非常好奇,并不断了解这些给管理和服务带来新奇体验的技术是如何实现的?通过初步了解,他发现酒店这些管理和运营创新背后都离不开物联网、云计算、大数据、人工智能等新一代信息技术的应用。

任务 1 移动互联网

一、认知移动互联网

(一)移动互联网的发展背景

移动互联网技术是当今世界发展极其迅速的技术之一,不仅仅给人类的生活方式和工作方式带来了深远的影响,而且也推动了企业流程再造和商业模式变革。从宏观角度,中国移动互联网的发展背景有三个。

1. 移动互联网网民人数庞大

中国拥有全世界最大的移动互联网市场。根据中国互联网络信息中心(CNNIC)2022 年 2 月发布的《中国互联网络发展状况统计报告》,截至 2021 年 12 月,我国网民规模达10.32亿,手机网民规模达10.29亿,较2020年12月增长4298万,网民使用手机上网的比例为99.7%,手机最为普及的上网终端的地位无可撼动。

2. 智能手机的高速发展

移动互联网是随着智能手机的快速发展而发展起来的。2007年1月9日,苹果公司前首席执行官史蒂夫·乔布斯对全世界发布了第一代iPhone,并宣布在2007年6月29日正式发售,正式开启了智能手机时代,使得人类社会从一个"离线"的世界真正进入一个"随时在线"的世界。虽然智能手机不是起源于中国,但随着"中国智造"的崛起,国产品牌的智能手机销量已经在世界上领先。根据全球智能手机销量统计,2021年,三星、苹果、小米、OPPO、VIVO排名前五位,其中中国品牌有3个。

3. 基础设施建设日益完善

在移动互联网的基础设施方面,中国也是遥遥领先世界其他国家。2022年5月17日,2022年世界电信和信息社会日大会在内蒙古呼和浩特举办。根据央视新闻的报道,工业和信息化部负责人在大会上宣布,中国建成全球最大的移动宽带和光纤网络。中国成为全球首个基于独立组网模式规模建设5G网络的国家,共建成5G基站近160万个。

人民网研究院2022年6月29日发布的《中国移动互联网发展报告(2022)》显示,2021年中国移动互联网发展具有五大特点:工业互联网等应用步入快车道,移动互联网打造经济发展新引擎,移动应用进一步赋能社会民生,移动网络政策法规保障迈入新阶段,移动舆论场正能量充沛、主旋律高昂。报告还提出了中国移动互联网发展五大趋势:5G行业应用创新赋能产业体系升级,元宇宙产业应用融合进一步深化,反垄断推动市场环境健康有序,移动互联网红利进一步全民普及,数字乡村与数字政府建设进程提速。由此可见,移动应用的生态体系建设已经成熟。

(二)移动互联网的概念

移动互联网是指互联网网民借助于安装有移动互联网操作系统和智能硬件的移动终端,随时、随地、随身通过电信运营商提供的融语音、数据和多媒体等高品质服务于一体的移动通信技术,去连接人与物,并使用各种移动端应用来实现与外界的互动和获取相应资源的网络服务。移动互联网不仅仅是技术概念,还是一种日益发展壮大平台的服务概念和前景无限的商业经营模式。

移动互联网技术的主要组成部分如下。

1. 移动通信技术

移动通信是指在移动状态下的通信或信息交换,连接的人或物中至少有一方是处在移动状态下实现信息互动和沟通的。移动通信技术是改变世界的几种主要技术之一,先后经过第一代(1G)、第二代(2G)、第三代(3G)、第四代(4G)和第五代(5G)的发展。

第一代移动通信技术标准(1G)是20世纪80年代的技术标准,是基于模拟通信、仅限语音的蜂窝电话标准,人们只能进行低质量通话。

第二代移动通信技术标准(2G)是20世纪90年代的技术标准,手机除了打电话,还可以发短信和进行数据传输,但数据传输的速率仅为9.6~14.4 Kbit/s。在2G时代,GSM是主要的移动通信制式。

第三代移动通信技术标准(3G)是21世纪初的技术标准,核心技术是CDMA,移动网速的大幅提升初步破解了手机上网带宽瓶颈,智能化的移动终端得到广泛应用,影像电话和大数据传送更为普遍,移动智能终端丰富的应用软件让移动上网的娱乐性和趣味性得到大幅提升。3G被视为开启移动通信新纪元的重要里程碑。在这个阶段,我国开始建立国际标准,我国在3G移动通信协议中制定的TD-SCDMA协议得到了国际的认可和应用。可以说,我国在1G、2G发展过程中以应用为主,处于引进、跟随、模仿阶段。但从3G开始,中国掀开了移动互联网发展新篇章,中国移动互联网融入国际发展大潮流中。

第四代移动通信技术标准(4G)是2012年后推出的新标准,重点是增加数据和语言容量,并且提高整体的体验质量。中国自主研发的TD-LTE标准在全球4G领域的发展中占有重要席位,推动中国移动互联网发展进入快车道。在4G时代,上网网速瓶颈限制得到基本破除,移动应用场景得到极大丰富,视频直播等视觉沟通变成常态。

第五代移动通信技术标准(5G)是2020年后推出的全新标准,具有更宽的带宽、更高的速率、更低的延时、更高的可靠性等特征,可以满足虚拟现实、超高清视频、智能制造、自动驾驶等行业的应用需求,也为沉浸式和互联元宇宙技术发展带来了全新机遇,这使得5G成为全球商业机遇发展的重要驱动力。中国在5G标准研发上已经成为全球的推动者和领跑者。

2.移动互联网终端设备

移动互联网终端设备是指人们在移动场景中能够通过无线网络技术接入互联网的便携设备,包括手机、平板电脑、智能穿戴、车载电脑等设备。随着智能硬件技术的不断发展,移动终端成为具备通信功能的微型计算机设备,也是一个综合信息处理的平台。有人把智能终端的影响力比肩收音机、电视和互联网,认为它是人类历史上第四个渗透广泛、普及迅速、影响巨大、深入人类社会生活方方面面的终端产品。

基于位置的服务(Location Based Service,LBS)是移动互联网终端设备的标准配置,它是通过电信移动运营商的移动通信网络或外部定位方式(如GPS)获取移动终端用户的位置信息,在GIS(Geographic Information System,地理信息系统)平台的支持下,为用户提供相应服务的一种增值业务。LBS是移动互联网应用的主要服务功能之一,它使得移动互联网的服务更加个性化和人性化。随着技术的不断进步,智能终端厂商之间开展了激烈的竞争,导致价格不断下降。使得智能手机、平板、智能手表等终端设备得以普及,进一步推动了移动互联网的发展。

3. 移动互联网操作系统

移动终端通常需要嵌入式操作系统的支持，内置用户界面和各种设置工具等实用程序。在个人电脑上，操作系统主要分为微软公司的 Windows 系统和苹果公司的 Mac 系统两大阵营。而在智能手机操作系统上，主要是谷歌公司的安卓 Android 系统和苹果公司 IOS 系统。安卓系统是基于 Linux 的嵌入式平台。而 IOS 系统是从 Mac OS X 派生的移动操作系统，安装在 iPhone、iPad 和 iPod touch 上。中国的很多智能手机厂商基于 Android 系统定制开发了第三方手机操作系统，如 VIVO 公司的 Funtouch OS 系统、小米公司的 MIUI 系统、OPPO 公司的 Colour OS 系统。

中国的华为公司在 2019 年正式发布华为鸿蒙操作系统（Harmony OS）。华为鸿蒙操作系统是面向万物互联的全场景分布式操作系统，支持手机、平板、智能穿戴、智慧屏等多种终端设备运行。它能够创造一个超级虚拟终端互联的世界，从而将人、设备、场景有机地联系在一起，对消费者在全场景生活中接触的多种智能终端实现极速发现、极速连接、硬件互助、资源共享，方便用户使用合适的设备在合适的场景获得优质的移动互联网体验。鸿蒙系统与安卓系统完全不一样，这两个系统的差别就在于底层开发架构不同，而且华为还特意为了鸿蒙操作系统开发了一套仓颉的编辑语言。可以说，鸿蒙操作系统扛起了国产系统的"大旗"，也成为中国在移动操作系统上打破西方垄断的希望。

4. 移动互联网应用

移动互联网应用服务主要是通过智能手机应用软件（Application，App）和小程序实现的，服务范围包括电子阅读、手机游戏、移动视听、移动搜索、移动社区、移动商务、移动旅行、移动支付等领域。在移动互联网的应用方面，根据人民网 2022 年 6 月 29 日的报道，人民网研究院发布的《中国移动互联网发展报告（2022）》显示，2021 年，中国移动应用在全球移动市场中占比达到 14%，主要集中于泛娱乐、电商、社交和生活服务四个领域。

中国互联网络信息中心 CNNIC 的《中国互联网络发展状况统计报告》显示，截至 2021 年 12 月，中国内地市场上监测到的 App 数量为 252 万款，其中游戏类、日常工具类、电子商务类和社交通信类 App 用户数量位居前四，且占比高达 61.2%，其他生活服务、教育等十类 App 占比为 38.8%。其中，游戏 App 数量继续领先，达 70.9 万款，占全部 App 比重为 28.2%；日常工具类、电子商务类和社交通信类 App 数量分别达 37.0 万款、24.8 万款和 21.1 万款，分列第二至四位。

小程序是一种不需要下载安装即可使用的应用，它实现了应用"触手可及"的梦想，用户扫一扫或搜一下即可打开应用。从 2017 年微信首次推出小程序开始，经过四年发展，各大互联网平台都推出各自的小程序，小程序成为真正意义上的中国人定义的"互联网新技术标准"。

(三)移动互联网的特点

移动互联网具有便携性、便捷性、实时性、碎片化、身份统一性、隐私性、定位性、精准性、互动性和娱乐性等特点。

1. 便携性和便捷性

用户可以在任何具有移动网络覆盖的地点通过智能手机、笔记本电脑、平板电脑、智能穿戴等便携智能终端连接互联网,便捷地连接人和物。

2. 实时性和碎片化

用户可以在生活中、工作中的任何碎片化时间访问互联网,实时接收和处理各类信息,不会错过任何重要信息和时效信息。

3. 身份统一性和隐私性

在移动互联网的世界,即便用户是匿名访问互联网,由于智能终端的识别码是唯一的,移动互联网用户的自然身份、社会身份、交易身份、支付身份可以通过数据打通,在不同应用中的身份信息得到统一。这也使得移动互联网终端设备和各种应用需要高度重视用户的隐私保护和信息安全。

4. 定位性和精准性

位置定位服务是移动互联网的典型应用,包括位置签到、位置分享、基于位置的社交应用、电子商务应用和旅行服务等。个性化的信息可以基于用户位置、用户身份信息、用户行为数据进行千人千面的推送,从而达到精准营销的目的。

5. 互动性和娱乐性

移动互联网上各种丰富的应用及其内容给人们生活带来了极大的便利性和趣味性。各种社交应用,如微信、微博、小红书、抖音等,使得信息分享、信息推荐和互动交流变得更加简单和便捷,彻底改变了人们的互动方式和娱乐方式。

二、基于移动互联网的商业变革

移动互联网改变了人们获取和利用信息的方式,也改变了人们沟通和互动的方式,更推动了商业的变革。

在企业的日常商业活动中,核心竞争力是影响用户关注和选择自己的独特能力,是企业有别于竞争对手,让对手难以模仿和超越,且能够为企业带来更多收入和议价权的能力。企业对移动互联网的应用程度直接影响企业管理、市场营销和客户服务的流程和方式,是企业构建核心竞争力的关键技术之一。

(一)移动互联网对企业管理模式的变革

移动互联网和社交网络应用的普及使得企业内部员工可以进行高效、实时的沟通。

一线的员工是距离客户需求最近的人，而管理者往往是最后感触客户需求变化的人。因此，在传统的管理模式下，一线员工需要对客户的需求逐层上报，而错失给客户带来良好的体验的契机。管理者也往往不能及时调配资源满足客户的需求。酒店业利用移动互联网正在改变传统的管理模式。例如，酒店客房部负责清洁客房的员工可以通过手机直接了解当天每间客房的退房情况，并通过手机查看清洁任务，完成清洁后，可以在手机上直接修改房间的状态，并同步到酒店前台的系统。管理人员可以通过手机精确查看员工清扫工作情况和工作量，并以此作为工作检查、奖励提成和绩效考核的依据。如果没有利用移动互联网，这些工作都需要通过手动和纸质的方式进行流程管理。

移动互联网技术降低了沟通成本和执行成本，使得企业内部的信息不对称现象得以缓解，减少了决策的环节，加快了决策的流程。此外，企业为了让身处一线的基层员工能够快速响应客户的需求，会给基层员工更多的授权，员工和管理者之间变得更加平等，组织层级变得更加扁平，管理者的角色从指挥者变成了资源支持者，员工的创造力和责任心得到进一步发挥。

（二）移动互联网对企业市场营销的变革

在传统互联网时代，企业如果在纸质或者电子媒体上做宣传广告，对于这个广告能够带来多少销量是不确定的。广告可能很吸引客人，但客人可能因为无法马上下单而放弃订购，造成企业的营销费用居高不下，白白浪费了很多流量。有了移动互联网，客人在手机端看到广告后，可以直接通过手机下单，从而实现了品牌推广和营销效果的合二为一。"品效合一"成为移动互联网时代企业市场营销的显著特征之一。

移动互联网使得企业开展精准营销成为可能。每个移动终端设备都有一个独一无二的识别码，如设备ID（Device ID）、唯一设备标识码（Unique Device Identifier，UDID）。如果移动设备安装了用户识别（Subscriber Identity Module，SIM）卡，每个SIM卡都有一个完全不重复的国际移动用户识别（International Mobile Subscriber Identity，IMSI）码。在移动互联网领域，智能设备的设备ID或者SIM卡的IMSI码都是用来追踪一台独立终端的重要标识。对于应用软件开发公司而言，使用识别码可以追踪到用户使用App的全流程数据；对于商家而言，在一定条件下可以使用识别码识别用户，进行数据收集，然后进行千人千面的精准营销和个性化推荐；对于与外部数据交换而言，识别码是互联网世界通行的身份保证，支撑完成数据的接收、传输、交换和发送等。

（三）移动互联网对企业客户服务的变革

由于移动互联网和社交媒体成为人们工作和生活中的主要沟通方式，企业对客户的服务和客户关系的管理也发生了革命性的变化。

首先，移动互联网使得信息透明化，改变了企业通过信息差去获取订单和利润的方式。例如,在移动互联网时代之前,酒店的客房价格还不是很透明,线上和线下价格存在明显的差异。如今,客人通过移动互联网用智能手机就可以在酒店前台等任何地点查询网上各个预订渠道的价格,并可以进行实时的预订和得到实时的确认。因此,移动互联网使得企业的获取利润的方式不可能再是利用信息差,而是产品和服务增值。

其次,由于智能手机的普及,消费者对移动互联网的使用都是贯穿消费全过程的,包括需求的产品、信息的搜索、产品的预订、消费体验、消费后的分享整个过程。这也使得企业对客户的服务不再局限于消费体验这个阶段,而是扩展至整个消费过程的各个接触点。

最后,由于移动互联网的普及,消费者的行为数据与身份信息可以追踪,这使得企业能够准确把握客户的个性化需求,对客户进行定制化、个性化的服务和精准推荐。在旅游业,定制化、个性化的旅游消费正在成为趋势。例如,在酒店业,通过用户数据平台(Customer Data Platform)去整合多渠道的用户信息,形成用户画像,并通过营销自动化技术在合适的时间通过合适的工具向客人推送合适的内容。

三、移动互联网的经典应用案例

北京西城区某高档商务酒店从 2019 年 4 月开始在店内开展"Be Green,Stay Young"健步走活动。客人在酒店前台、客房可以通过微信报名参加活动,活动规则简单明了,只要住客按照酒店推荐的周边徒步路线进行锻炼,就能根据行走的步数和消耗的卡路里在酒店兑换相应的积分,并使用积分在微信商城中兑换相应的礼品。每一天都有数十个住店客人报名参加"Be Green,Stay Young"活动。这些客人在入住酒店客房后,收到微信自动发送的活动推荐,通过微信报名参加,酒店会为这些参与活动的客人进行个性化服务信息的推送。

该酒店的微信公众号的管理系统具有用户行为数据采集和分析的功能。因为活动都是在移动端互动,可以很好地实现数据的识别和分析。住店客人主动从线下"连接"到线上,系统就开始对用户的互动数据进行分析,包括住店客人的人口属性、店内互动行为等,并打上相应的标签。当用户扫码开始参与活动的时候,用户的互动数据就被记录下来,可以在数万个用户数据资料库中清晰识别哪些是当天入住并有互动的客人,酒店可以再通过微信的消息推送功能进行个性化服务推荐。

主要术语

> 1. 移动互联网:指互联网网民借助于安装有移动互联网操作系统和智能硬件的移动终端,随时、随地、随身通过电信运营商提供的融语音、数据和多媒体等高品质服务于一体的移动通信技术,去联结人与物,并使用各种移动端应用来实现与外界的互动和获取相应资源的网络服务。

2. 移动通信：指在移动状态下的通信或信息交换，连接的人或物中至少有一方是处在移动状态下的。移动通信技术先后经过第一代(1G)、第二代(2G)、第三代(3G)、第四代(4G)和第五代(5G)的发展。

3. 移动互联网终端设备：指人们在移动场景中能够通过无线网络技术接入互联网的便携设备，包括手机、平板电脑、智能穿戴、车载电脑等设备。

4. 基于位置的服务：基于位置的服务(Location Based Service,LBS)是移动互联网终端设备的标准配置，它是通过电信移动运营商的移动通信网络或外部定位方式(如GPS)获取移动终端用户的位置信息，在GIS(Geographic Information System,地理信息系统)平台的支持下，为用户提供相应服务的一种增值业务。

5. 移动互联网操作系统：指移动终端中的嵌入式操作系统，内置用户界面和各种设置工具等实用程序。

6. 华为鸿蒙操作系统：中国华为公司发布的面向万物互联的全场景分布式操作系统，支持手机、平板、智能穿戴、智慧屏等多种终端设备运行，将人、设备、场景有机地联系在一起。

7. 小程序：一种不需要下载安装即可使用的应用，它实现了应用"触手可及"的梦想，用户扫一扫或搜一下即可打开应用。

任务小结

移动互联网技术是当今世界发展最为迅速的技术之一。移动互联网不仅仅是技术概念，还是一种日益发展壮大的平台服务概念和前景无限的商业经营模式。移动互联网技术由移动通信技术、移动互联网终端设备、移动互联网操作系统和移动互联网应用构成。移动互联网具有便携性、便捷性、实时性、碎片化、身份统一性、隐私性、定位性、精准性、互动性和娱乐性等特点。

移动互联网推动商业模式变革主要表现在企业管理模式、企业市场营销和企业对客服务上。在管理上，移动互联网使得企业内部员工可以高效、实时地沟通；在营销上，移动互联网使得品效合一和精准营销成为可能，但会导致企业的获取利润的方式不可能再是利用信息差，而是来自产品和服务的增值；在对客服务上，移动互联网使得企业对客的服务不再是仅仅局限在消费体验这个阶段，而是包括整个消费过程的各个接触点。企业的客户服务从单一触点服务转向全接触点的服务。企业能够准确把握客户的个性化需求，为客户提供定制化、个性化的服务和精准推荐。

一、自测题

1. 移动互联网的概念是什么？
2. 移动互联网的特点有哪些？
3. 移动互联网技术的主要组成部分有哪些？

二、讨论题

1. 移动互联网给企业管理模式带来哪些变革？
2. 企业如何基于移动互联网开展精准营销？

三、实践题

以小组为单位，以"十一旅游黄金周"促销方案为例，设计一个以移动互联网数据平台为基础的营销推送方案（需考虑三类以上用户）。

任务 2 新媒体

一、认知新媒体

（一）新媒体的发展背景

媒体是信息传播的媒介，是信息从源头传递到受信者的技术工具、传播渠道、传播载体和手段。在现代社会，传统的媒体主要是电视、广播、报纸、期刊、户外广告以及随着互联网技术发展起来的新的网络媒体。在人们的生活中，媒体在传承文化和技术、娱乐休闲、资讯传播、舆论引导、社会关系协调等方面起着重要的作用。

媒体的发展经过五个阶段，第一个是以报纸为代表的纸质媒体阶段，第二个是以广播为代表的听觉媒体阶段，第三个是以电视为代表的视听媒体阶段，第四个是以门户网站为代表的传统互联网媒体阶段，第五个是以社交媒体为代表的移动互联网媒体阶段。

（二）新媒体的定义

新媒体是一个广义的术语，它是以数字技术为工具，以互联网为载体进行信息互动传播的媒介。新媒体不仅仅是一个技术概念，也是一个时间概念。新媒体是随着互联网技术的发展而不断演变，不断推陈出新，不断丰富和完善的。在传播媒介从纸质媒体和视听媒体阶段进入PC互联网阶段，新媒体主要是指搜狐、新浪等门户网站。信息的传播实质上还是单向的,因为内容的发布是由门户网站的运营者决定的。在传播媒介从 PC 互联网进入社交媒体阶段,新媒体指微博、今日头条、抖音、小红书、B 站等社交媒体,信息的传播是双向的,用户不仅仅是内容的接受者,而且也是内容的生产者和传播者。用户生成内容(User Generated Content,UGC)、专业生产内容(Professionlly-generated Content,PGC)和职业生产内容(Occupationally-generated Content,OGC)是新媒体上的主要内容形式。

新媒体和社交媒体、自媒体的概念有联系也有区别,具体见表 2-1。

表 2-1 新媒体和社交媒体、自媒体的区别

内容	新媒体	社交媒体	自媒体
目的	打造企业/团体品牌	个人社交	打造个人品牌
运营方式	团队运营	个人运营 (通常以记录生活而非盈利为目的)	个人运营 (通常运营个人品牌,带一定的盈利目的)
运营对象	精准营销	朋友圈	所有人
工具	各平台及销售工具	社交软件 (可以是新媒体的一种)	单一平台或者多平台运营

(三)新媒体的特点

1.媒体数字化

新媒体使得用户能够借助个人电脑、智能终端等设备,通过网络获取、创造和传播信息。新媒体的主要特点有数字化、即时性、互动性、社交性、个性化、多元化。新媒体有很多应用形式,如网络杂志、网络报刊、数字电视、微信、微博、车载移动媒体等。这些应用形式均是以数字的形式进行传播和存储。因此,数字化是新媒体最明显的特征。

2.传播的即时性

新媒体借助于移动互联网和社交媒体进行信息传播,打破了空间和时间的限制,可以在第一时间将各种信息进行全网和全球传播。而接受对象只要能够接入互联网,就可以即时接受这些信息,实现老子所说的"不出户,知天下;不窥牖,见天道"的境界,没有时间和地域的限制。

3.内容的互动性

新媒体传播互动性很强,在新媒体应用环境中,信息是多点对多点传播和互动的。信息的接受者和信息发布者之间可以进行互动,如评论、分享、点赞等。

4.个性化

用户可以在网络上个性化定制所接受的媒体信息。而且基于大数据技术的个性化

推荐功能使得信息可以根据用户的喜好进行传递。

5. 用户的多元身份

每个人不仅仅是信息的接收者，还是信息的传播者，也可以是信息的创造者。

二、基于新媒体的商业变革

（一）新媒体变革企业管理的原理和机会

在新媒体时代，信息的传播更快，加速人们需求层次的提升，人们更关注服务，关注体验产品的过程，这就要求企业管理者挖掘、收集、分析消费者行为变化的信息，并将这种信息转变为生产力。

新媒体时代最大的特点就是快速的信息传播，这是由新媒体的传播特点决定的。新媒体时代带来了信息传输的高效率，信息的传播速度更快，传播的内容更具冲击力和震撼力，结合大数据的准确定位匹配客户群体已成为企业占领先机的强大制胜武器。这就要求企业管理者在传统的发展环节中利用新媒体的优势，跟上消费者瞬息的变化。

（二）新媒体变革企业营销的原理和机会

相对于传统销售而言，新媒体时代下最具特色的就是数字营销。随着世界变得更加数字化，数字营销对于当今的企业至关重要，消费者在网上进行研究和购买已成为常规，企业的营销方式也发生了变化。数字营销有时不仅比传统营销更具成本效益，而且还是一种与全球目标受众建立联系的更直接的方式。利用新媒体进行营销的优势主要表现在三个方面。

一是互动式营销。互动式营销是新的社交方式，结合大数据分析消费者的喜好和反馈，为企业的市场运作服务提供更准确信息的营销方式。

二是跨业态网络整合营销。跨业态网络营销是新发展起来的一种营销模式，基于新媒体的特性和技术，更加高效、高性价比地完成整合不同业态的营销计划，实现高效的客户关系管理，以便于精准地实施营销策略，实现企业营销的高效率、低成本、大影响，例如新东方的网络营销就是将英语教学和商品销售融合。

三是网络定制营销，其中最具代表性的就是带货的概念。网络定制营销是指借助新媒体的互动体验功能，在大规模生产的基础上，将市场细分到极限程度，把每一位顾客视为一个潜在的细分市场，根据每位顾客的特殊要求单独设计，并迅速交货的营销方式。

（三）新媒体变革对客服务的原理和机会

客户服务是在客户寻找、使用、提升和检查产品或服务故障的时候提供支持和解决的行为。它也是一个支援团队提供良好客户服务的过程。客户服务的目标是培养长久的客户关系。新媒体的发展给企业的对客服务带来更便利和直接的效果。一方面,可以利用新媒体的传播手段和平台,与终端客户互联互动,建立有效的沟通机制,快速精准地解决问题;另一方面,可以充分利用新媒体的优势,与客户建立起良性互动机制,以培养忠实的客户,提升企业的形象。

三、新媒体的经典应用案例

现如今酒店营销方式已经悄然改变,酒店用短视频进行防疫培训与宣传,并通过短视频平台合作直播来引流,同时采用聘请专业团队制作短视频等方式开展新媒体营销。根据迈点研究院2022年4月22日发布的《2022年3月酒店品牌短视频影响力指数(MVI)发展报告》,某酒店在抖音平台运营短视频两个月以来实现7日视频播放量577.3万,团购订单金额44.5万元,结合活动主题在抖音发起为期一周的"新店预售限时通用房券"促销活动,活动上架第一天,2000份库存即售罄。随后加推了1000份库存,又于2小时后售罄。该活动让某店门店出现满房现象,充分反映了短视频对酒店品牌传播影响力的重要性。

上海商学院酒店管理学院的一项研究发现,新媒体营销在数字化时代能帮助酒店获取良好的顾客关系、减轻渠道间矛盾、降低投资风险。在酒店新媒体营销渠道管理过程中,资源的分配和利用直接影响到企业现在和未来的收益水平。万豪酒店集团新媒体营销在国外的渠道有脸书、抖音、推特、油管等,而国内则有微信、小红书、微博、抖音、大众点评等。从该集团2021年国内全年点击量情况来看,微信平台占据点击量总额的70%左右,微博平台占20%—30%,小红书在2%上下浮动。该研究表明,酒店新媒体平台正在以各种各样的方式在供需之间形成一种价值链条,集成程度、便捷程度、生活关联度越高,则新媒体营销效果越好。酒店需要针对客户需求变化,有及时启动和完善新媒体营销的策略和能力,而关注度和转化率是判断反应的关键。酒店必须准确理解并满足客户需求,新媒体营销重点是与客户建立稳定、良好的关系。酒店新媒体营销须真正以客户利益为基础,额外服务与更多优惠是提升营销效果的有效手段。

 主要术语

1. 媒体:指信息传播的媒介,是信息从源头传递到受信者的技术工具、传播渠道、传播载体和手段。

2. 新媒体:指以数字技术为工具,以互联网为载体进行信息互动传播的媒介。

3.用户生成内容:也称 UGC(User-generated Content),指网站或其他开放性媒介的内容由其用户贡献生成,用户将自己原创的内容通过互联网平台进行展示或者提供给其他用户。UGC 是 Web2.0 环境下的一种网络信息资源创作与组织模式。

4.互动式营销:基于新的社交方式,结合大数据分析消费者的喜好和反馈,为企业的市场运作服务提供更准确的营销方式。

5.跨业态网络营销:新发展起来的一种营销模式,基于新媒体的特性和技术,更加高效、高性价比地完成整合不同业态的营销计划,实现高效的客户关系管理,以便于精准地实施营销策略,实现企业营销的高效率、低成本、大影响。

6.网络定制营销:指借助新媒体的互动体验功能,在大规模生产的基础上,将市场细分到极限程度,把每一位顾客视为一个潜在的细分市场,根据每位顾客的特殊要求单独设计,并迅捷交货的营销方式。

任务小结

新媒体不仅仅是一个技术概念,也是一个时间概念,并随着互联网技术的发展而不断演变,不断推陈出新,不断丰富和完善。新媒体和社交媒体、自媒体的概念有联系也有区别。它的特点是媒体的数字化,传播的即时性,内容的互动性、个性化,用户具有多元身份。

企业管理者要利用新媒体带来的信息传输的高效率,信息的传播速度更快,传播的内容更具冲击力和震撼力的优势,跟上消费者的变化。借助新媒体开展营销的优势主要表现在互动式营销、跨业态网络整合营销和网络定制营销三个方面。此外,在客户服务上,新媒体可以帮助企业与终端客户实现互联互动,建立有效的沟通和互动机制,快速精准地解决问题,培养忠实客户和提升企业的形象。

训练题

一、自测题

1.新媒体的发展背景有哪些?

2.什么是新媒体?

3.新媒体的特点有哪些?

二、讨论题

1.同学们认为目前还有什么"旧媒体"可以转化为新媒体的形式存在?

2.针对新媒体的特点,讨论一下在日常生活中有哪些应用案例。

三、实践题

以小组为单位,列出日常生活中的应用案例使用的新媒体技术手段。

任务 3　物联网

一、认知物联网

(一)物联网的发展背景

物联网的概念最早出现在 1995 年比尔·盖茨《未来之路》(*The Road Ahead*)一书中,在这本书中,比尔·盖茨用相机的例子来描述物联网,用户遗失或遭窃的照相机将自动发回信息,告诉用户所处的具体位置,甚至当它已经身处不同的城市。1998 年,美国麻省理工学院创造性地提出了当时被称作 EPC 系统的"物联网"的构想。1999 年,美国麻省理工学院成立 Auto-ID 中心(自动化识别技术中心),开始提出"物联网"(Internet of Things)这个概念。Auto-ID 中心研究如何将物联网用于物流行业跟踪货物用途,方法是使用射频识别标签 RFID(Radio Frequency Identification)。

2005 年,国际电信联盟(ITU)发布了《ITU 互联网报告 2005:物联网》,正式提出"物联网"的概念。报告指出,无所不在的"物联网"通信时代即将来临。世界上所有物体都可以通过互联网主动进行信息交换。射频识别技术、传感器技术、纳米技术、智能嵌入技术将得到更加广泛的应用。

中国在物联网领域的布局较早,中科院早在 1999 年就启动了传感网研究。在物联网这个全新的产业中,中国技术研发水平处于世界前列,中国与德国、美国、韩国一起,成为"物联网"国际标准制定的四个发起国和主导国之一,具有举足轻重的影响力。

(二)物联网的定义

物联网技术在人们生活中得到快速普及,最让人熟悉的如智能手表等可穿戴设备就是物联网的产物,它能通过传感器传输数据,为用户提供精确的实时运动信息及建议。此外,人们还会发现以物联网技术为支撑的智能家居已经走进千家万户。智能家居是通过技术手段将家中的设备和家电连接成一个有机的生态系统,使得用户可以根据需要和生活场景对连接进入该生态系统的设备进行控制,从而让生活与环境变得更加舒适、安全、方便和高效。物联网就是构建智能家居生态系统的主要技术。在酒店业,越来越多的酒店客房中配置了智能音箱,住客可以通过语音"指挥"智能音箱控制客房的设备,这是酒店业的典型物联网应用。

物联网(The Internet of Things,IoT)是指利用带有软件处理能力的传感器将现实中的人、物、场进行连接,形成不限于时间、空间及地点的巨大虚拟网络,并在此基础上进行数据交换及传递。

物联网应用关键技术包括两化融合、M2M、RFID 和传感网四个方面,如图 2-1 所示。

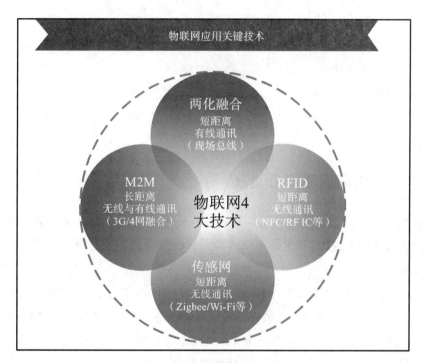

图 2-1　物联网应用关键技术

二、物联网的特点

物联网借助互联网及数据进行传输联通,这不仅是物理或物体的互联,也是数字和物体的互联。所有酒店,无论大小,都可以数字化其物理产品,通过物联网平台转变为数字酒店。对于酒店经营者来说,使用物联网技术不仅可以最大限度地提高盈利能力,还可以在竞争中保持领先地位。物联网的特点如下。

1. 连接性

物联网设备通过传感器和其他电子设备以及连接的硬件和控制系统之间建立连接。

2. M2M

M2M 是 Machine-to-Machine 的简称,指机器与机器的对话。安装有传感器或射频识别标签的设备之间可以智能互联。

3. 数据源

数据在物联网的设备中的传输是迈向行动和智能的第一步,物联网是大数据的主要来源。

4. 交互性

设备连接起来了,因此它们可以产生通信数据并且可以分析这些数据。通信可以发生在短距离或远距离或非常远的距离上。示例:Wi-Fi、RFID射频技术。

5. 智能化

通过物联网设备中收集的数据进行传感能力和大数据(人工智能)分析后得到优化的指示或者提供智能建议。

6. 生态构建

通过万物互联维度,使得酒店设备或系统形成一个物联网的生态系统,例如酒店里的智慧客房、智慧酒店。

三、基于物联网的商业变革

物联网(IoT)为企业提供构建新服务和商业模式所需的智能,随着时间的推移物联网推动产品和服务改进,并增强客户体验。传统公司如何进行数字转型并从数字化转型中获得回报呢?

第一步,进行资产跟踪和库存管理,采用物联网技术彻底改变数据的处理方式,把资产进行数字化处理。处理过的数据通过无线网络进行共享,例如,为了确保客人能够充分获得洗手液、纸巾和卫生纸等重要消耗品,在物联网传感器的帮助下,酒店设施管理人员可以主动监控客房、商务中心和健身房的消耗品供应情况,及时发现不足,以进行有效的库存管理和及时补货。

第二步,推进数据共享与感知。酒店几乎所有业务都可以在数据收集和传输的帮助下运作,物联网应用程序还可以跟踪用户与设备连接的模式,通过机器学习技术,变得更智能并能为用户提供更好的用户体验。企业通过分析和利用这些数据来驱动业务发展。

客户满意度在很大程度上取决于平稳的运营和服务的零中断。无线物联网传感器可以捕获有关酒店设备和设施状况的数据,并在设备出现老化迹象或异常性能时立即通知维护人员。这不仅可以降低维修成本,还可以确保为客人提供最长的正常运行时间和设施的所有性能。

第三步,形成新的业务线。公司在开发新产品形成新业务时,需要考虑接入物联网的生态链的可能性,以及生态系统中传输物联网数据的可行性。例如,酒店客房的设备都可以考虑选取具有物联网生态链可接入的设备,这有利于打造智慧客房;酒店通过装在迷你吧里的传感器及时补充迷你吧中的物品。

第四步，制定有效的市场策略。酒店利用物联网提取、处理、可视化和响应各种数据，通过这些数据进行分析并制定战略来满足客户的需求。借助联网设备，酒店能更好地了解客户的偏好，细分客户群，为客户提供个性化服务，从而提高客户体验、满意度和黏性。

第五步，推送实时状态。物联网通过传感器获取设备和空间的实时数据彻底改变了酒店的运作模式。客人可以通过酒店 App 获得酒店客房、会议室以及餐厅的实时预订状态数据，酒店经营者可以根据数据信息进行有效的销售调整和库存管理以增加利润。物联网在协同工作方面发挥着关键作用，使得企业可以做出明智的决策和开展商业模式的创新。

四、基于物联网的营销变革

物联网促进体验营销，所谓体验营销是指企业从消费者的感官、情感、思考、行动、关联五个方面重新定义，设计营销理念，从而实现营销的过程的全渠道营销服务。

1. 促进全渠道营销服务

全渠道营销方式简化了整个购物体验。物联网在促进这项服务和改善用户体验方面发挥着重要作用。由于在连接互联网的设备上集成了传感器，用户可以远程操作、了解状态，并在有需要时获得即时的销售和服务支持。

例如：美团外卖智能头盔将实时交通、智能语音交互、安全驾驶提醒和接单等业务融合到一起，将头盔接入互联网成为物联网的一部分，如图 2-2 所示。

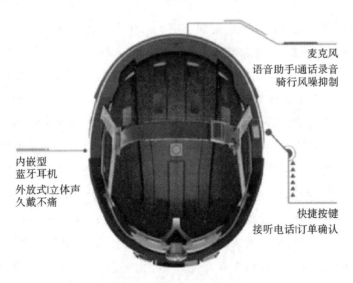

图 2-2 美团外卖智能头盔

2. 高可访问性、效率和生产力

企业不仅需要高效率和生产力，还需要应用物联网技术解决方案来确保更快地交付订单。此外，物联网可以有助于企业开展自动化营销和服务并提供实时响应。

五、基于物联网的客户服务变革

智能互联设备的普及推动了消费模式以及服务模式的变化。物联网技术是推动酒店数字化转型的主要技术。数字化转型是以客户需求为中心的商业模式变革。通过物联网技术,酒店与客人之间建立了数字链接关系。客人在酒店中广泛使用基于物联网技术的智能互联设备,使得酒店获得海量的客户数据。通过对这些海量物联网数据的分析,酒店可以更好地了解客人的需求。例如,客人入住客房后,客房内的语音音箱或者智能电视机可以称呼客人的名字并致以问候。客人在入住客房后,客房内的照明、温度都已经按照上次客户设置的数据调整好了。

总而言之,物联网改变了客人与酒店的沟通方式,也改变了客人的消费模式,并对酒店服务提出了新的要求,同时也为酒店挖掘了新的消费需求和创造了新的收入增长模式(比如在餐饮外卖服务方面)。酒店不仅要结合新时代客人需求和行为变化,更要转变经营思路,借助物联网技术的蓬勃发展契机去改善客户体验、拓展更多商机。

六、物联网在酒店业的应用

物联网在酒店行业有很多应用场景。入住过智慧酒店的客人会有这样一种体验:在客房内,可以通过酒店放置的平板电脑对房间进行控制,可以在平板上调整客房的照明、空调、通风等,从而获得自身感觉最舒适的室内环境;还可以通过平板开启和关闭窗帘、电视。

物联网在酒店节能减排方面也起到了很大的作用。酒店可以在会议室、休闲娱乐场所、客房中安装传感器,用于自动调节场所的暖通空调、照明等,并根据使用状态对能源使用进行优化。当客人不在房间内时,房间传感器和智能恒温器可以自动关闭空调,而当客人回来时自动开启到客人设定的温度。

物联网技术使得酒店对设施设备可以进行预测性维护,识别危险趋势,并在问题升级之前发出警报进行适当的维护。例如,很多老酒店并没有智能楼宇控制系统,但可以在酒店工程设施设备上安装电子标签和传感器,将设备的运行数据实时传输到工程维护人员手机中。这样有助于酒店工程部对设备进行预防性和预测性维护,有效解决了工程部人工巡检工作量大、设备检查不及时、无法及时发现设备异常的问题。

总而言之,物联网技术是酒店数字化运营的核心技术,不仅仅可以提高酒店运营效率,而且能够更好地服务客人和为客人提供差异化服务,典型的应用汇总如下。

1. 智能客房

物联网技术允许客人远程控制酒店客房,调节灯光和室内温度以达到客人的要求。

2. 智能服务

送货机器人使酒店客房服务更加自动化。使用传感器、人工智能和机器学习,机器

物联网在酒店业的应用

人可以操作电梯并快速可靠地执行客房服务。

3. 能源管理

借助物联网技术,酒店可以在入住和退房时调整房间温度,从而降低为空房间供冷或供暖的成本。通过将恒温器与其他传感器联动,当客人打开窗户或阳台门时,空调自动关闭;自动窗帘在白天关闭以减少温度波动。

4. 预测性维护

用于预测性维护的物联网系统可以在设备或设施出现问题前通知到相关部门。传感器可以监控客房内的 HVAC 系统(Heating, Ventilation and Air Conditioning,即供热通风与空气调节),并在设备出现故障时自动通知相关部门。

主要术语

1. 物联网:物联网(The Internet of Things,IoT)是指利用带有软件处理能力的传感器将现实中的人、物、场进行连接,形成不限于时间、空间及地点的巨大虚拟网络,并在此基础上进行数据交换及传递。

2. 两化融合:指信息化和工业化的高层次的深度结合,有利于以信息化带动工业化、以工业化促进信息化,走新型工业化道路。两化融合的核心就是信息化支撑,追求可持续发展模式。两化融合是物联网发展的理念和基础。

3. M2M:是 Machine-to-Machine 的简称,即机器与机器的对话。安装有传感器或射频识别标签的设备之间可以智能互联。

4. 射频识别技术(RFID):RFID 是 Radio Frequency Identification 的缩写,它是自动识别技术的一种,通过无线射频方式进行非接触双向数据通信,利用无线射频方式对记录媒体(电子标签或射频卡)进行读写,从而达到识别目标和数据交换的目的。

5. 传感网:指随机分布的集成有传感器、数据处理单元和通信单元的微小节点,通过自组织的方式构成的无线网络。它是微机电系统、计算机、通信、自动控制、人工智能等多学科交叉的综合性技术。

6. 传感器:传感器(Transducer/Sensor)是一种检测装置,能感受到被测量的信息,并能将感受到的信息,按一定规律变换成电信号或其他所需形式的信息输出,以满足信息的传输、处理、存储、显示、记录和控制等需求。

7. 体验营销:指企业从消费者的感官、情感、思考、行动、关联五个方面重新定义、设计营销理念,从而实现营销的过程的全渠道营销服务。

任务小结

物联网借助互联网及数据进行传输联通，这不仅是物理或物体的互联，也是数字和物体的互联。物联网的关键技术应用领域包括两化融合、M2M、RFID和传感网四个方面。物联网的特点包括连接性、M2M、有数据源、交互性、智能化和生态构建。

在商业变革方面，物联网技术可以帮助企业对资产进行数字化处理、实现数据共享与感知、形成新的业务线和有效的市场策略、推送实时状态。

在营销方面，物联网可以促进企业实施体验营销。物联网帮助企业更好地了解客人的需求，改变了与客人的沟通方式，也改变了客人的消费模式，并对酒店服务提出了新的要求。同时也为酒店挖掘了新的消费需求和新的收入增长模式。

总而言之，物联网技术是酒店数字化运营的核心技术，不仅仅可以提高酒店运营效率，而且能够更好地服务客户和为客户提供差异化服务，典型的应用包括智能客房、智能服务、能源管理和预测性维护。在物联网这个全新的产业中，中国技术研发水平处于世界前列，中国与德国、美国、韩国一起，成为"物联网"国际标准制定的四个发起国和主导国，具有举足轻重的影响力。

训练题

一、自测题

1. 物联网的构成有哪些？
2. 物联网的主要技术有哪些？
3. 哪些设备可以组成物联网？

二、讨论题

物联网是否最终会替代人工服务？

三、实践题

以小组为单位，用本节课所学知识讨论一下在家中如何组建家庭物联网。

任务 4 云计算

一、认知云计算

（一）云计算的技术背景

云计算的历史，最早可追溯至 1959 年 6 月，牛津大学的计算机教授克里斯托弗·斯特拉切（Christopher Strachey）在国际信息处理大会（International Conference on Information Processing）上发表了一篇名为《大型高速计算机中的时间共享》（*Time Sharing in Large Fast Computer*）的学术报告，他在文中首次提出了"虚拟化"的概念，而虚拟化正是云计算的基础和核心。此后，随着互联网和计算设备的发展，云计算逐步萌芽。1969 年，互联网的雏形阿帕网（ARPANET）诞生，一开始主要为军方或大型企业提供电子邮件和信息服务。1981 年，第一台 PC 机诞生。1985 年，Windows 操作系统诞生。1990 年开始，PC 互联网逐步向全社会普及，并在差不多十多年后，各国陆续进入移动互联网时代，这些都为云计算的诞生和发展奠定了技术基础。

2002 年，亚马逊公司云产品 AWS 的雏形发布，并于 2006 年正式推出 S3 和 EC2 等云计算业务。2006 年 8 月 9 日，Google 首席执行官埃里克·施密特（Eric Schmidt）在搜索引擎大会（SES San Jose 2006）首次提出"云计算（Cloud Computing）"的概念。云计算的出现，引发全社会商业模式和工作方式的巨大变革。因此，云计算被视为互联网的一次革命。2009 年 11 月，美国国家标准和技术学会（National Institute of Standards and Technology，NIST）给出了云计算的定义，宣告了云计算的官方地位。大型互联网或 IT 公司纷纷进军云计算。2008 年，微软发布其云平台 Azure。2009 年，阿里云成立，并于 2010 年公测、2011 年正式对外提供服务。2010 年，腾讯云设立，并于 2013 年面向全社会提供服务。2013 年，百度云诞生，并于 2015 年对外开放注册。云计算正日益成为变革商业的一股创新力量。

（二）云计算的定义

不同机构为云计算都做过相关定义，世界著名的几家提供云计算业务的公司对于云计算也给出了类似的定义，这些定义有助于我们从不同侧面更好地理解云计算的含义。

Amazon：云计算是指通过互联网按需提供 IT 资源，并且采用按使用量付费的定价方式。你可以根据需要从诸如 Amazon Web Services（AWS）之类的云提供商那里获得技术服务，例如计算能力、存储和数据库，而无须购买、拥有和维护物理数据中心及服务器。

Google：云计算就是指通过互联网，以按需服务的形式提供计算资源。这样企业就无须自行采购、配置或管理资源，而且只需要为实际使用的资源付费。

IBM：云计算是指通过互联网按需访问计算资源——应用、服务器（物理服务器和虚拟服务器）、数据存储、开发工具和网络功能，等等，这些资源托管在由云服务提供商（CSP）管理的远程数据中心内。CSP 提供这些资源时会按月收取订阅费用，或者按使用量收费。

微软：简单地说，云计算就是通过互联网（也就是"云"）提供计算服务（包括服务器、存储、数据库、网络、软件、分析和智能）。对于云服务，通常你只需使用多少支付多少，从而帮助降低运营成本，使基础设施更有效地运行，并能根据业务需求的变化调整对服务的使用。

本书采纳美国国家标准和技术学会（NIST）于 2011 年 9 月给出的定义："云计算是一种模型，使得可灵活配置的共享计算资源（例如网络、服务器、存储、应用程序、服务等）能够以随处、便捷、按需的网络形式进行访问，这些资源能被快速分配及释放，同时做到管理成本或服务提供者的干预最小化。这种云模型由五个基本特征、三个服务模型和四种部署模型组成。"通俗地说，云计算就是一种计算资源的共享池，使用者可以随时从这个池子里按需租用，使用量是无限的，但你需要按照使用量付费。"云"就像自来水公司一样，我们可以随时接水来用，并且不限量，但你要根据自己家的用水量，按月付费给自来水公司。

云计算与公寓出租有些类似，用户不拥有公寓，而是按月租用，公寓大楼管理员负责公寓的日常管理和维护，用户与其他租户共享公寓总体空间、设施和服务。而传统计算模式则更像是一座由个人全资购买的房子，完全归个人所有，个人拥有专属空间，但房屋装修、日常维护以及将来的更新改造等工作都由自己负责。

云计算的服务模型（Service Model）已从 NIST 当初定义的三种演变成了更多种，但最常用的服务模型还是 NIST 最初定义的那三种，分别是 IaaS、PaaS 和 SaaS，这三者的主要区别是共享的计算资源不一样：

（1）基础设施即服务（Infrastructure as a Service，IaaS）：提供网络、存储、服务器、虚拟机、操作系统等最底层的计算资源，这有点类似公寓的地基以及接入的水电煤等公共设施。

（2）平台即服务（Platform as a Service，PaaS）：为开发人员提供软件开发环境，这好比建造公寓的设计图纸以及施工工具等。

（3）软件即服务（Software as a Service，SaaS）：为企业提供按需付费的软件程序，这可以类比为最终建成的一间间可独立出租的公寓。

以上三种服务模型管理的资源种类是层层递进的，即 SaaS＞PaaS＞IaaS，如图 2-3 所示。

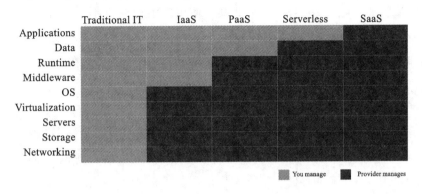

图 2-3　IaaS、PaaS、SaaS 管理的资源类型

SaaS 提供了从网络、硬件、操作系统到应用软件的所有资源，用户不需要购买和管理任何 IT 资源，直接按月付费使用就好，就好像客户租的是可以拎包入住的公寓一样。PaaS 提供了从网络、硬件、操作系统到软件开发环境等一系列资源，软件企业不需要自己购买这些资源，只要租用它们，然后专注于新的应用软件开发即可。IaaS 则主要负责网络、硬件、操作系统这一层级的资源出租。以上三种服务模式，对应着不同的客户需求。

此外，根据部署模式（Deployment Model）的不同，可以将云计算分成四种类型。

（1）私有云（Private Cloud）：完全由一家企业独占使用。

（2）社区云（Community Cloud）：由几家相互之间有利益关联的企业共享使用。

（3）公有云（Public Cloud）：面向社会大众开放。

（4）混合云（Hybrid Cloud）：是以上两种或三种模式的组合。

（三）云计算的技术特点

按照 NIST 的定义，云计算有五个基本特点。

1. 按需自助（On-demand Self-Service）

用户可自行按需申请计算资源（如服务器时间或网络存储等），系统自动分配，而无须云服务提供商的人为干预。这类似于当有人想租一间公寓时，只要在线提出申请，公寓管理系统会自动核实其身份，并将门锁密码告之，然后租户即可直接前来入住，并按月在线支付租金，无须任何人为干预。不住的时候，再次提交申请，公寓管理系统自动结束租约、变更门锁密码，一切都是按需、自助的操作。

2. 广泛访问（Broad Network Access）

允许各种各样的设备，例如手机、平板、电脑、工作站等，通过网络访问云资源。这类似于公寓租户打开门锁进入公寓的方式多种多样,既可以用密码,也可以用身份证,还可以用手机或者人脸识别等,怎么方便怎么来。

3. 资源共用(Resource Pooling)

允许多个用户通过"多租户"的模式共享使用集中管理的计算资源,例如多个酒店或酒店集团租用同一个IT供应商的云PMS系统。在公寓的场景中,这一点特别容易理解,整栋公寓允许各种人来入住,且相互独立,互不干扰,每个人在共享同一套大楼设施和服务的同时,可以保留自己的生活习惯和个人隐私。

4. 快速弹性(Rapid Elasticity)

这是指计算资源可随客户需求被快速地、自动地分配或释放,且资源数量近乎无限,随时可用。所谓弹性就是指资源分配的数量是灵活可变的。例如,某酒店上个月业务量大,所以要1000 T的存储空间。这个月因为疫情的缘故,业务量萎缩,300 T就够了。那么上个月可以租1000 T的空间,而这个月只租300 T,两个月的租金按照使用量付费。在公寓那个场景里,云计算的快速弹性就好比家里某一天突然来了50个客人,于是临时向公寓管理员在线申请租用50间新的公寓住一晚。而这座公寓大楼拥有无限间房间,完全可以随时满足任何需求。而对于传统计算模式,一旦发生性能、存储等资源不足的情况,就只能购买更多的硬件和软件,花费数月甚至数年的时间升级系统,做不到实时、动态和弹性。就好比私人购买的住宅,要扩容的话,只能再次大兴土木,做不到瞬间满足。

5. 用量可测(Measured Service)

用户使用的计算资源或服务是可度量的,这是云计算按使用付费的基础。这类似于公寓的门锁,度量着租户每天是否住在这里。住一天给一天的钱,住一个月给一个月的钱,连续住一年可能会给予长期租用折扣。

二、基于云计算的商业变革

云计算的技术特点,为酒店带来变革管理体系、营销渠道和服务模式的机会。

(一)云计算变革酒店管理的原理和机会

在管理方面,云计算可显著优化酒店的组织架构、业务流程和数字系统构建。为什么呢?云计算将所有的计算资源(其中也包括酒店的各种应用系统)集中置于"云"端,而酒店管理决策所需的各种规划、标准、制度、政策、知识、情报、数据等资源是以数字系统为载体来存放和管理的,于是也就集中存放在了"云"端,这就杜绝了信息不对称并大大提高了信息传递的效率。传统企业的信息传递是树状的,从高层向底层逐层传递,或者反之。而基于云计算的信息传递模式是网状的,信息可瞬间触达所有员工。

于是,酒店有机会对组织架构进行优化,从基层员工—主管—经理—总监—总经理这五层架构,可以变得更为扁平,例如可能是一线员工—中层管理—高层管理的三层架构,甚至可以是一线服务+二线支撑的两层架构。员工和员工之间,不再有层级概念,而只是职责不同,相互配合完成工作。同时,酒店有机会对业务流程进行优化。云计算天然地将所有系统在云端联通,不再有信息孤岛以及部门墙,数据在各部门之间是流通的,流程在各部门之间是衔接的,有机会持续进行业务流程的优化重组以及构建数据驱动的管理决策模型。而酒店数字科技系统的构建,再也不会劳民伤财、费时费力,只需租用现成的、被验证成功的云系统即可,经过短时间的设置和培训,即可使用。

(二)云计算变革酒店营销的原理和机会

云计算对于酒店营销的变革,主要体现在两个方面:一是客户关系的维护,二是新营销渠道的开拓。前者是会员管理,后者是渠道管理。

云的集中共享以及随时随地访问的特点,使得员工和客户的交互也是随时随地的。例如,酒店员工可在获得客户需求的第一时间,将其及时记录在云系统中,并瞬间让所有其他员工也得到这个信息,并及时跟进。没有明显竞争关系的 A、B 两家酒店或酒店集团,如果选用的是同一家 IT 供应商的云系统,则可以更有效地实施会员联盟。例如,让 A 酒店的会员到 B 酒店入住时,也能积 A 酒店的分,反之亦然。并且可以更方便地构建交叉营销渠道,例如,A 酒店发现其入住客人有去 B 酒店所在城市旅行的计划,于是帮助客人预订 B 酒店,订单直接进入 B 酒店的系统中,这就相当于 A 和 B 互为渠道。以上这些模式,没有云系统的支持,是很难实现的。

(三)云计算变革酒店服务的原理和机会

任何员工可以使用各种设备(例如电脑、平板、手机等)随时随地访问云端资源,这就使得员工可以走出柜台,以移动的方式面对面服务客人,例如在沙发区帮客人办理入住登记手续,或者在游泳池边为客人办理结账退房手续,等等。提高了工作效率,也提升了客人体验。

三、云计算的经典应用案例

以下是连锁酒店集团 A 的案例,看看云计算是如何帮助它降低成本、提高效率的。

创业伊始,A 公司旗下只有一家四星级酒店 A1,150 间客房,120 位员工。在酒店前台管理系统(PMS)选型时,经反复权衡,最终选择了 B 公司的云 PMS 系统。此系统部署在"云"端,共有 80 个功能模块。每个模块可单独租用,租金和模块数以及用户数相关,按月支付。租用的模块数和用户数越多,月租越贵。A 最终确定的方案是选用其中的 50 个模块,共 60 个用户使用该系统,B 核定的月租是 5000 元。经过 10 天的酒店房型等系统参数设置和 2 天的员工培训(B 提供在线培训视频),云 PMS 系统在 A1 酒

云计算在酒店业的应用

店上线了。

半年后，A 公司旗下的第二家酒店 A2 要开业了。由于 A1 和 A2 是同类型酒店，因此 A2 直接从 A1 复制了系统参数，系统设置时间也从此前的 10 天缩短为 1 天，员工培训时间仍然是 2 天。3 天后，云 PMS 系统在 A2 酒店上线了。此时，A 支付给 B 的月租变为 1 万元。两年内，A 公司陆续开了 12 家酒店，月租变为 5000×12＝60000 元。又过了半年，其中 2 家酒店卖给了 C 酒店集团，C 集团正好也是 B 的客户，于是系统的迁移变得非常简单，在 B 的云 PMS 平台上简单做了租户变更后，这两家酒店立刻从 A 的酒店组合划归至 C 的酒店组合中。于是 A 的月租变成 5000×10＝50000 元，而 C 的月租则增加了 10000 元。

到第五年的时候，A 集团管理了 100 家酒店。在管理上有更高的要求，于是将租用的模块数从 50 个变成 80 个，每家酒店的用户数保持 60 人不变，集团总用户数变为 60×100＝6000 人，于是每家酒店的月租提升到 8000 元。半年后，A 集团实施组织架构变革，将每家酒店总机、预订、人资、财务等部门的部分职能集中到集团本部履行，于是每家酒店的系统用户数减少为 30 人，月租也相应从 8000 元降低至 6000 元。

对比一下即可发现，如果 A 集团当初采用的是传统的 PMS 方案，则每新开一家酒店，都要花费至少一个月时间进行服务器安装、系统设定、用户培训等工作，效率很低，成本也高。当集团发生并购等变化时，系统的调整也耗时费力，并且在集团越来越大时，也无法有效实施组织架构变革等管理优化。

从这个案例我们可以粗略体会到，云计算将伴随酒店的成长而无缝提供相应的技术支持，并且可以更方便地辅助酒店进行管理、营销以及服务变革。

主要术语

1. 云计算：云计算是一种模型，使得可灵活配置的共享计算资源（例如网络、服务器、存储、应用程序、服务等）能够以随处、便捷、按需的网络形式进行访问，这些资源能被快速分配及释放，同时做到管理成本或服务提供者的干预最小化。

2. IaaS：基础设施即服务，云计算服务模式之一，是 Infrastructure-as-a-Service 的简称。它提供给消费者的服务是对所有计算基础设施的利用，包括处理 CPU、内存、存储、网络和其他基本的计算资源，用户能够部署和运行任意软件，包括操作系统和应用程序。

3. PaaS：平台即服务，云计算服务模式之一，是 Platform-as-a-Service 的简称。它提供给消费者的服务是把客户采用提供的开发语言和工具（例如 Java、Python 等）开发的或收购的应用程序部署到供应商的云计算基础设施上去。

4. SaaS：软件即服务，云计算服务模式之一，是 Software-as-a-Service 的简称，它提供给客户的服务是运营商运行在云计算基础设施上的应用程序，用户可以在各种设备上通过客户端界面访问，如浏览器。消费者不需要管理或控制任何云计算基础设施，包括网络、服务器、操作系统、存储等。

5. 私有云：是为一个客户单独使用而构建的云计算的部署模式，提供对数据、安全性和服务质量的最有效控制。前提是该客户需要拥有基础设施，并可以控制在此基础设施上部署应用程序的方式。

6. 社区云：由一个特定社区独占使用的云计算的部署模式，该社区由具有共同关切（如使命、安全要求、政策等）或有利益关联的多个组织组成。

7. 公有云：指第三方提供商为用户提供的能够使用的云计算的部署模式。公有云一般可通过 Internet 使用，可能是免费或成本低廉的，公有云的核心属性是共享资源服务。

8. 混合云：由两个或更多云端系统组成云端基础设施，这些云端系统包含了私有云、社区云、公用云等。

任务小结

云计算是变革商业的一股创新力量。它可以被认为是一种计算资源的共享池，使用者可以随时从这个池子里按需租用，使用量是无限的，但你需要按照使用量付费。云计算的服务模型主要有 IaaS、PaaS 和 SaaS 三种，这三者的主要区别是共享的计算资源不一样。根据部署模式不同，云计算包括私有云、社区云、公有云和混合云四种模式。云计算有按需自助、广泛访问、资源共用、快速弹性、用量可测五个特点。

在管理方面，云计算可显著优化酒店的组织架构、业务流程和数字系统构建。在酒店营销方面，云计算可以用于客户关系的维护和新营销渠道的开拓。在客户服务方面，云计算技术使得任何员工可以使用各种设备（例如电脑、平板、手机等）随时随地访问云端资源，这就使得员工可以走出柜台，以移动的方式面对面服务客人。

 训练题

一、自测题

1. 举例说明什么是云计算。

2. 请说明 IaaS、PaaS 和 SaaS 的区别。

3. 通过一个案例详细分析云计算驱动酒店变革背后的原理。

二、讨论题

1. 云计算在酒店落地的可能应用场景有哪些？
2. 讨论云计算与客户需求的匹配度，以及不同数字项目的价值。

三、实践题

采访一家酒店的核心人员，了解云计算在酒店的应用情况和价值分析，印证课堂讨论结果。

任务 5　大数据

一、认知大数据

（一）大数据的技术背景

世上一切事物和活动都会产生数据。随着社会的发展，数据已成为除了土地、资本、劳动力等传统生产要素之外的一种全新的生产要素，影响着人类所有的生产和生活，数据相关的技术也正得到日新月异的发展。大数据的前身是商业智能。1989 年，Howard Dresner 首次提出"商业智能"（Business Intelligence，BI）。商业智能通常是指将数据转化为知识或情报，以辅助企业的经营决策，主要目标是提高经营决策水平，将数据转换成企业竞争优势。与商业智能关联的技术包括数据仓库（Data Warehouse）、联机分析处理（Online Analytical Processing）、数据挖掘（Data Mining），等等。随着社会经济发展，数据量越来越大，数据结构越来越复杂，企业对于数据的需求也越来越大，商业智能等传统数据技术已不能满足需求，于是，大数据技术应运而生。

2001 年，Gartner 分析员道格·莱尼（Doug Laney）指出数据的挑战和机遇有三个维度：量（Volume，数据大小）、速（Velocity，数据流动速度）、类（Variety，数据类型的多样性），合称"3V"。2008 年，美国《自然》杂志（Nature）推出大数据专刊，指出海量数据的涌现需匹配先进的数据处理能力。2011 年，《科学》杂志（Science）出版了数据专刊 *Dealing with Data*，介绍了数据处理等相关问题，分析了数据洪流所带来的挑战，指出如果能有效地利用大数据，从海量数据中挖掘价值并加以分析和利用，会给社会的发展带来巨大的推动作用。2011 年，麦肯锡全球研究院发布研究报告《大数据：创新、竞争和生产力的下一个前沿领域》（*Big Data：The Next Frontier for Innovation, Competition, and Productivity*），在专业人士层面宣告大数据时代已经来临。2012 年 1 月，达沃斯世界经济论坛发布报告《大数据，大影响：国际发展的新机遇》（*Big Data,*

Big Impact: New Possibilities for International Development)将大数据列为和货币、黄金同等重要的新经济资产。2012年2月,Steve Lohr 在《纽约时报》发表专栏文章《大数据时代》(The Age of Big Data),向普罗大众宣告"大数据"时代的来临。他指出,在商业、经济及其他领域中,决策将日益基于数据和分析作出,而非经验和直觉。2012年5月,联合国发布了《大数据开发:机遇和挑战》(Big Data for Development: Challenges & Opportunities)白皮书,指出大数据的发展是联合国和各国政府的一个历史性机遇,利用大数据进行决策,是提升国家治理能力的必然要求。2012年底,维克托·迈尔·舍恩伯格在《大数据时代》一书中指出,大数据不仅改变了人们的工作和生活,还改变了人们的思维方式,并特别提出,在大数据的语境中,样本=总体,也就是说,大数据不做抽样调查,而是针对所有数据进行分析处理。

我国政府对于大数据也高度重视。2015年9月,国务院印发《促进大数据发展行动纲要》,系统部署大数据发展工作。纲要中提到三个任务:一是加快政府数据开放共享,二是推动产业创新发展,三是强化安全保障。大数据已经成为决定企业乃至国家未来竞争力的关键因素。各国都将大数据定义为国家发展的核心引擎之一。大数据给人类带来无数机遇的同时,也带来一些问题,例如,数据隐私。于是有人提出,大数据时代个人应拥有"被遗忘权",也就是有权利要求数据商不保留某些被个人标为隐私的数据。2014年5月13日,欧盟法院就"被遗忘权"(Case of Right to be Forgotten)一案作出裁定,判决谷歌根据用户请求删除不完整的、无关紧要的、不相关的数据以保证数据不出现在搜索结果中。

(二)大数据的定义

简单来说,"大数据"是指利用成本和时间可控的新数据处理模式才能处理的规模庞大、增长迅速、种类多样和低密度价值的信息资产,能增强企业的洞察力、决策力和创新力。这个定义我们可以从两方面去理解。一方面,大数据的规模大到超出了传统数据库软件处理范围,软件无法在合理时间内完成各种数据处理,只有新处理模式才能应对。所谓新数据处理模式,是指一个可扩展的新的技术体系架构,可对数据实现高效的采集、存储、分析、管理等操作,从而在可接受的成本范围和时间周期内,将数据转换成知识或者情报,辅助企业进行经营决策。另一方面,大数据是一种宝贵的无形资产,增强了企业的洞察力、决策力和创新力。

大数据技术可以帮助企业在种类繁多、数量庞大的数据中,快速获取情报,大大增强了企业对市场、客户以及自身的洞察力,并可通过各种数据模型,辅助管理层和一线员工进行科学决策,减少决策错误,提高决策精准度,及时抓住发展机遇。大数据还能有效指导企业的创新,例如,通过分析业务流程数据,找到流程缺陷和问题根源,进行业务流程的变革,从而提升管理水平。

总而言之,大数据技术就是为更经济地从大容量、高频率、丰富类型的数据中快速获取价值而设计的新一代体系架构。此外,大数据与云计算也有很紧密的关系。大数据的特点,使得它必然无法用单台或数台计算机进行处理,而必须采用云的架构,后者可以对海量数据进行分布式数据处理。

(三)大数据的技术特点

有关大数据的特点,最为经典的总结是"4V",即庞大规模(Volume)、多样类别(Variety)、高速流转(Velocity)和稀疏价值(Value)。

1. 庞大规模(Volume)

大数据的日常数据量基本以 TB 及以上的单位为主流计量单位,甚至到 PB、EB 或更高级别。数据的基本计量单位是字节即 Byte,缩写为 B,常见的有以下几种量级:

$1\ KB = 2^{10}\ B = 1024\ B$　　　　　　$1\ MB = 2^{10}\ KB = 2^{20}\ B$

$1\ GB = 2^{10}\ MB = 2^{30}\ B$　　　　　　$1\ TB = 2^{10}\ GB = 2^{40}\ B$

$1\ PB = 2^{10}\ TB = 2^{50}\ B$　　　　　　$1\ EB = 2^{10}\ PB = 2^{60}\ B$

$1\ ZB = 2^{10}\ EB = 2^{70}\ B$

2. 多样类别(Variety)

大数据的数据类型丰富多样,包含数值、文本、图片、音频、视频、传感器信号,等等,不一而足。这些数据又可以按照结构分成结构化数据、半结构化数据和非结构化数据。所谓结构化数据,通俗来说,是指可以用二维表的形式存储的数据,例如员工工资单。所谓非结构化数据,就是完全不能以二维表形式存储的数据,例如客人投诉录音。传统数据库软件一般只能用来处理结构化数据,而非结构化数据则超出了它们的能力范围,更难以被计算机所理解,因此需要用语音识别、语义分析、人工智能等更复杂的技术来处理。而半结构化数据,则介于以上两者之间。研究机构调查显示,企业中 80% 的数据都是非结构化数据,且增长速度很快。

3. 高速流转(Velocity)

高速流转是指大数据往往以很高的速度产生和传输,传统技术往往来不及存储和处理。因此大数据技术要求数据的采集与分析过程必须迅速及时,以满足用户实时根据数据处理结果进行决策的需求。例如,由于数据增长速度快,有些大数据往往采用边分析与处理边丢弃的方式分析,而非先采集存储下来然后再批处理的模式。大数据技术的关键优势,就是要在种类繁多、数量庞大的数据中,快速获取有用情报和知识。

4. 稀疏价值(Value)

稀疏价值是指大数据的价值是低密度的,也就是说,在庞大的数据体量中,有用数据所占比例通常很低。要像沙里淘金那样进行分析处理,才能找到数据价值和意义所在。例如,酒店 7×24 小时的监控视频是一种大数据,对于根据这些视频在酒店追踪嫌犯的警察来说,数天的监控录像中也许只有 20 秒捕捉了嫌犯头像的那个片段是有价值的数据。

二、基于大数据的商业变革

美国应用信息经济学家 Douglas Hubbard 在其专著 How to Measure Anything 中提到"一切皆可量化",并积极倡导数据化决策。酒店也是如此,几乎一切经营管理活动都可量化为数据,并基于被实践反复验证的数据模型,经过计算分析,得到情报或知识,辅助管理者进行科学决策,甚至可以进行自动化决策,从而提高运营效率,优化客户体验,最终提升酒店经营管理水平和效果。大数据对于酒店的变革遵循以上路径,即数据—情报/知识—决策—变革,如图 2-4 所示。

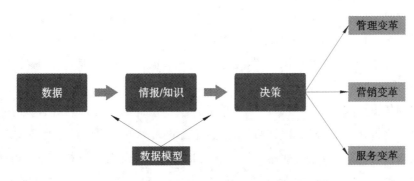

图 2-4 大数据对酒店的变革路径

下面我们以三个具体的例子,阐述一下大数据是如何驱动酒店管理、营销和服务变革的。

(一)大数据变革酒店管理的原理和机会

大数据对于企业管理的变革起着重要的作用。它使得流程的制定和实施不再仅仅是基于经验,而是能够通过大数据驱动,通过大数据去发现问题、优化流程和进行决策。酒店的管理体系是由一个个的业务流程组成的。例如,员工的出差报销、客人在前台登记入住,等等。酒店每一个业务流程的效率和体验都得到提升,其实就是酒店管理体系的变革。

业务流程的变革有一个成熟的方法论,叫作业务流程重组(Business Process Reengineering,BPR),它是一种指导企业变革工作流程、工作方法,从而提高管理效率、管理效果的方法论。它是对企业的业务流程作根本性的思考和彻底重建,其目的是在成本、质量、服务和速度等方面取得显著的改善,使得企业能最大限度地适应以顾客(Customer)、竞争(Competition)、变化(Change)为特征的现代企业经营环境。而有效进行业务流程重组的关键和根本,是对业务流程产生的数据进行度量和分析。数据采集越丰富,分析模型越先进,则流程优化效果越明显。随着大数据技术的成熟,业务流程重组的落地性以及价值也越来越高。

(二)大数据变革酒店营销的原理和机会

大数据技术推动了企业营销的变革,尤其在对用户数据进行采集、处理和分析后,可以深刻洞察用户的需求,掌握用户画像,开展精准营销。

什么是用户画像呢?简单来说,酒店的每一位用户都有自己的个性、偏好、职业、种族、信仰、消费习惯,等等,这些就组成了用户的"画像"。例如,用户 A 可能更看重酒店员工服务,而用户 B 可能更看重酒店硬件产品。因而对于一家硬件产品很棒,但员工服务一般的酒店,用户 B 赞不绝口,用户 A 则不屑一顾。因此,针对每个用户的画像进行一对一的有针对性的营销,就显得非常重要。可以在确保用户良好体验的前提下,提高酒店经营收益。

组成用户画像的所有数据来自用户和酒店的每一次接触,例如,预订、入住、就餐、健身、投诉,等等,这些数据日积月累,经过一定的数据模型的处理,就形成了关于这个用户的"知识",也就是"用户画像"。

用户画像可以怎么用呢?举一个简单的例子。用户到酒店前台办理入住时,大数据系统自动将该用户的画像分析图送给前台服务员。服务员通过用户画像发现该用户以前都是入住套间的,但七天前用户试图预订时套间(假设套间价格 1500 元/天)临时满房,于是不得已定了一个标准间(假设价格 800 元/天)。今天正好有一间套间被取消了,于是系统自动建议服务员向用户推荐将房型升级为套间,用户高兴地答应了(因为符合用户的消费偏好),酒店也因此增加了 1500 元－800 元＝700 元的收益。如果没有大数据的自动推荐技术,这种销售收益升级(Upselling)的机遇是无法被准确捕捉的。

(三)大数据变革酒店服务的原理和机会

大数据技术推动了企业客户服务的变革。每个酒店都会遇到不满意的客户,当他们投诉时,对酒店来说,其实是一个很好的争取回头客的机会。有研究表明,获取一个新客户的成本是保留一个老客户成本的六倍。

所以,如何低成本高效率地解决客户投诉,让客户满意并且愿意再次来酒店消费,是一个非常有价值的课题,属于"客户体验管理"(Customer Experience Management,CEM)的范畴。所谓客户体验管理,根据伯尔尼·施密特(Bernd Schmitt)在《客户体验管理》一书中的定义,是指"战略性地管理客户对产品或公司全面体验的过程"。它以提升客户全面体验为核心,管理与客户的每一次接触,传递有效信息,开展积极良性互动,营造匹配品牌承诺的正面感觉,进而创造差异化的客户体验,提高客户忠诚度,强化价值感知,最终实现客户与企业的双赢。

借助大数据技术,酒店可以分析对比历史上以不同方式处理客户投诉后,客户满意度变化的情况,来找到投诉处理的低成本和客户的高满意度之间的那个平衡点。例如,如果邀请客户在大堂吧喝一杯橙汁并诚挚道歉就可以让客户满意度恢复到 95%,酒店又何必用免除客人一晚房费的高代价来让客户满意度恢复到 95.1% 呢？

三、大数据的经典应用案例

在酒店业，大数据的经典应用案例莫过于收益管理，它涉及酒店的内部管理、客房销售以及对客服务。一家酒店建造成功并开业后，可售卖的产品资源基本是固定且有限的，例如客房数、餐位数，等等。如何将有限的产品卖出更高的价格，获得更丰厚收益，就叫"收益管理"。

假设一家有 300 间客房的五星级酒店，截至某日上午 9 点已卖出 290 间客房，还剩 10 间空房。此时预订部接到一个预订电话，旅行社 A 需要订 10 间客房，今天下午到店，住一晚，问：这个订单接还是不接？

预订员为了做好这个决策，需要了解三个关键信息：酒店散客价格 P_1、旅行社协议价格 P_2、当日预订趋势 T。其中，前两个信息是已知的，因为是酒店自己确定的，很容易就能查到，假设 P_1 是 900 元/天，P_2 是 600 元/天。而所谓当日预订趋势，是指从当日接到旅行社预订电话的 9 点开始，到当日 24 点这段时间，预订部接到其他订单的可能性。

如果这个当日预订趋势是已知的，那么这个决策就很容易做出。假设 T 为"从 9 点到 24 点一个订单都没有"，那么预订员就可以决策接下旅行社 A 的订单，否则，当天就会损失 10 间客房的生意。假设 T 为"12 点到 18 之间会陆续接到 5 个散客订单，15 点会接到另一个旅行社 B 的 3 间客房的订单"，那么预订员要先算个账：5 间散客订单收益是 900 元×5＝4500 元，3 间旅行社 B 的订单收益是 600 元×3＝1800 元，总收益是 4500 元＋1800 元＝6300 元。这个结果与接下旅行社 A 的 10 间客房订单的总收益 600 元×10＝6000 元相比，显然更合算。那么此时预订员的决策也不言而喻了，那就是拒绝旅行社 A 的预订，保留客房资源给未来的预订者。

但现实的情况是，当日预订趋势并非已知。怎么办？这就是大数据技术的用武之地了。酒店可以构建一个被称作"收益管理系统"的大数据软件工具来实施预测，该工具最核心的部分是数据模型"未来预订趋势"。为了便于理解，可将该模型简化为图 2-5。

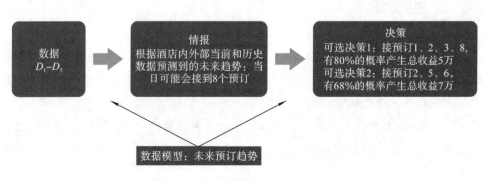

图 2-5 数据模型：未来预订趋势

图 2-5 中,该模型将采集以下关键数据:本酒店自开业以来预订历史数据 D_1 以及当前预订数据 D_{11},周边竞争对手自开业以来预订历史数据 D_2 以及当前预订数据 D_{22},本城市历年重要事件和活动数据 D_3(如大型会议、会展、节日,等等)以及当前事件数据 D_{33},本城市历年天气情况数据 D_4 以及当前天气情况数据 D_{44},酒店历年产品情况数据 D_5(如酒店装修改造影响可卖房数量,以及客人预订欲望,等等)以及当前产品情况数据 D_{55}。这些数据都是影响酒店每日预订的关键因素。当然还有其他因素,这个模型只是一个简化版本,目的是说明原理。

经过预测模型计算后,针对上面那个例子,可能会得出如下预测结果,也就是情报:根据历史和当前情况,当日 9 点到 24 点之间可能会接到 8 个预订电话。并且系统会建议采取如下订单接收组合:

可选决策 1:接预订 1、2、3、8,有 80% 的概率产生总收益 5 万。

可选决策 2:接预订 2、5、6,有 68% 的概率产生总收益 7 万。

其他组合概率相对较小,很有可能不会发生,于是系统就直接放弃了。

于是,最后预订员只要在系统给出的两个可选决策中选择一个就可以了,选择依据可以是酒店目前的风险偏好策略。例如,如果酒店目前生意波动大,正在推行稳健型策略,那么选择决策 1。如果酒店现在业绩缺口大,管理层推行适度激进策略,那么选择决策 2。无论如何,不管预订员怎么选,决策质量显然比自己拍脑袋要强多了。预订员自己选,可能是 2、4、7 的组合,收益也许只有 3 万。大数据技术可以帮助预订员对这个预订趋势进行测算,给出最好的估计。

再进一步,如果我们将酒店风险偏好也作为一个参数录入系统的话,那么,预订员连二选一都不需要了,员工只要录入预订信息,系统会自行选择接还是不接这个预订,这就是自动化决策。更复杂的基于大数据的决策模式还包括,系统不仅自动决策接还是不接某个订单,还能自动决策是否涨价以及涨多少。

从以上案例可以看出,有了大数据的助力,酒店可以大大提高客房销售管理水平,将有限的酒店资源的收益最大化。

主要术语

1. 商业智能(BI):BI 即 Business Intelligence 的缩写。商业智能通常是指将数据转化为知识或情报,以辅助企业的经营决策,主要目标是提高经营决策水平,将数据转换成企业竞争优势。

2. 大数据:指利用成本和时间可控的新数据处理模式,对规模庞大、增长迅速、种类多样和低密度价值的信息资产进行有效管理,以增强企业的洞察力、决策力和创新力。

3. 大数据技术：指为更经济地从大容量、高频率、丰富类型的数据中快速获取价值而设计的新一代体系架构。

4. 结构化数据：指可以使用关系型数据库表示和存储，可以用二维表来表达的数据。

5. 半结构化数据：指介于完全结构化数据和完全无结构的数据之间的数据，是结构化数据的一种形式，它并不符合关系型数据库或其他数据表的形式关联起来的数据模型结构，但包含相关标记，用来分隔语义元素以及对记录和字段进行分层。例如，HTML文档、JSON、XML和一些NoSQL数据库。

6. 非结构化数据：指没有固定结构的数据。包括所有格式的办公文档、文本、图片、XML、HTML、各类报表、图像和音频/视频信息，等等。

7. 用户画像：指将来自用户和企业的每一次接触的行为数据经过一定的数据模型的处理，形成的关于这个用户的"知识"。

8. 客户体验管理：指战略性地管理客户对产品或公司全面体验的过程。

任务小结

大数据不仅仅是一种成本和时间可控的新数据处理模式，也是一种宝贵的无形资产，增强了企业的洞察力、决策力和创新力。大数据的特点是4V，即庞大规模（Volume）、多样类别（Variety）、高速流转（Velocity）和稀疏价值（Value）。大数据技术可以帮助企业快速获取情报，增强企业对市场、客户以及自身的洞察力；辅助管理层和一线员工进行科学决策，有效指导企业的创新；进行业务流程的变革，从而提升管理水平。大数据技术推动了企业营销的变革，企业通过用户数据的采集、处理和分析，可以深刻洞察用户的需求，掌握用户画像，开展精准营销。大数据技术推动了企业客户服务的变革，尤其适用于客户体验管理和提升客户满意度。

训练题

一、自测题

1. 什么是大数据？
2. 举例说明大数据的4V特点。
3. 用户画像对于酒店营销的意义是什么？
4. 业务流程重组与大数据的关系是什么？

二、讨论题

为什么说收益管理是一种大数据应用而不是BI应用？

三、实践题

去酒店实地考察收益管理的全过程,并说说你的发现和收获。

任务 6　人工智能

一、认知人工智能

(一)人工智能的技术背景

人工智能最早发端于神话、科幻小说以及科学猜想。"一台会思考的机器"这一构想最早可以追溯到古希腊时期。古希腊神话中已经出现了机械人和人造人,如赫淮斯托斯的黄金机器人和皮格马利翁的伽拉忒亚。人工智能也是科幻小说的重要元素,如1863年Samuel Butler的《机器中的达尔文》(*Darwin Among the Machines*),探讨了机器通过自然选择进化出智能的可能性。17世纪,莱布尼茨猜测人类思想或可简化为机械计算,托马斯·霍布斯则在其著作《利维坦》中写了一句名言:"推理就是计算(Reason is nothing but reckoning)。"他们都试图以数学体系来模拟人类思考系统。其后数百年时间,人类科学家一直致力于将这些幻想和假设变成现实,在不同的历史阶段,尝试以机械化、电子化、数字化的手段来模拟人类智能。

人工智能科学发展史上第一个里程碑事件,是1950年"计算机科学之父"艾伦·图灵(Alan Turing)在其论文《计算器与智能》中提出了一个著名的问题:"机器会思考吗?"并由此设计了著名的"图灵测试",即让一个人与一台机器在相互隔离的情况下进行问答交流,如果这个人分辨不出和他交流的是一台机器还是一个人,那么就可以判定这台机器具有智能。

另一个里程碑事件是1956年的达特茅斯会议。在这个会上,"人工智能之父"约翰·麦卡锡(John McCarthy)正式提出"人工智能"(Artificial Intelligence,AI)概念,并确立了人工智能作为一门正式学科的地位。1956年也是业界公认的人工智能元年。达特茅斯会议的第一代人工智能研究者过于乐观,他们中的部分人曾预言经过一代人的努力,将可以研发出与人类具有同等智能水平的机器。但此后若干年,人工智能的发展并非一帆风顺,而是起起伏伏,一会儿受到追捧,一会儿遭到质疑,高潮和低谷交替出现。

1956年至1974年,是人工智能的第一次繁荣期。很多机构投入巨资进行研发,并取得了一些重要成果。例如,1957年,美国神经学家弗兰克·罗森布拉特(Frank

Rosenblatt)在前人对人工神经网络研究基础上,提出可以模拟人类感知能力的机器"感知机",并在 Cornell 航空实验室中,成功在 IBM 704 机上完成了感知机的仿真。两年后,他又成功实现了能够识别一些英文字母、基于感知机的神经计算机——Mark1,并于 1960 年 6 月 23 日向大众展示。

1974 年至 1979 年,人工智能进入第一次低谷期。人工智能的研究遭遇了瓶颈。人们发现人工智能只能解决非常简单的问题,所有 AI 程序似乎都只是"玩具",研究者们遭遇了无法克服的基础性障碍。例如,人工智能所要求的计算复杂度很高,而当时的计算能力有限,不足以解决任何实际的 AI 问题。常识和推理实现难度大,效果不佳,AI 程序无法识别一张图片是猫还是狗,连儿童对世界的认识水平都无法达到。随着机器翻译等诸多项目的失败或者进展缓慢,人工智能遭到普遍质疑,英美等国政府以及相关机构逐步停止了对研究的资助。

1980 至 1986 年是人工智能的第二次繁荣期。1980 年,卡耐基梅隆大学为 DEC 公司设计了一个名为 XCON 的专家系统。所谓专家系统,是指具备专家一样的知识体系和推理判断能力的系统,可模拟人类专家解决特定领域问题。XCON 取得巨大成功,六年时间为 DEC 公司节省了 4000 万美元。1981 年日本第五代计算机项目启动。在这些事件刺激下,人工智能领域的投资和研究重新步入高潮,取得了新的技术进步。

1987 年至 1996 年,人工智能跌入第二次低谷期。在此阶段,人工智能遭遇重大研究和技术瓶颈。例如,专家系统维护费用居高不下,难以升级,故障频发;第五代计算机项目失败;抽象推理不再被关注,基于符号处理的模型遭到反对,等等。

1997 年至今,人工智能研究开始复苏,并逐步进入第三次繁荣期。主要的原因是相关支撑技术和学术理论取得巨大进步,例如,计算能力大幅度提升,互联网、大数据、深度学习等技术快速发展。1997 年,IBM 深蓝计算机在国际象棋比赛中击败国际象棋世界冠军加里·卡斯帕罗夫(Garry Kasparov)。2011 年,IBM 研发的超级电脑沃森(Watson)在美国最受欢迎的智力竞猜电视节目《危险边缘》中击败该节目历史上两位最成功的选手肯·詹宁斯(Ken Jennings)和布拉德·鲁特(Brad Rutter)。2014 年,微软推出个人人工智能助理小娜。2015 年,百度的 Minwa 超级计算机使用一种称为卷积神经网络的特殊深度神经网络来识别图像并进行分类,其准确率高于一般的人类。2016 年,由深度神经网络支持的 DeepMind 的 AlphaGo 程序通过五轮比赛以 4∶1 的比分击败了围棋世界冠军李世石。

时至今日,人工智能已经成为全球新一轮产业变革的核心驱动力。在酒店业也随处可见它的身影,例如,酒店公共区域的迎宾、送物机器人,客房内的 AI 助理,手机里的智能客服,等等。

(二)人工智能的定义

通俗来说,人工智能(Artificial Intelligence,AI)是关于模拟和延伸人类智能和行为的一整套理论、方法和技术。从这个定义可以看出,人工智能有两个目标使命:一是模拟人类,二是超越人类。

根据实现目标的不同,人工智能可以分成两类。

一类叫强人工智能(Bottom-Up AI)。所谓强人工智能,是指真正能推理(Reasoning)和解决问题(Problem Solving)的智能机器。强人工智能由人工常规智能(AGI)和人工超级智能(ASI)组成。人工常规智能(AGI)是指机器拥有与人类同样的智能,能够解决问题、主动学习和规划未来。人工超级智能(ASI)是指机器拥有超越人类智能以及行为的能力。

另一类叫弱人工智能(Top-Down AI)。所谓弱人工智能,也叫狭义人工智能(ANI),是指机器具有部分人类智能,经过一定 AI 训练后,可完成特定任务。例如前面提到的 AlphaGo 是由 DeepMind 开发的人工智能程序,它可以完成下围棋这一特定任务,它虽然不完全具有人的智能,但它在下围棋这件事上,比人类做得还好。我们目前看到的几乎所有人工智能应用场景,都属于弱人工智能的范畴。弱人工智能的价值已有目共睹。而强人工智能,有人说永远也发明不出来,也有人看好它的未来,意见尚未统一。

从一门学科来说,人工智能既是计算机科学的一个分支,也是一门边缘学科,属于自然科学和社会科学的交叉,涉及子学科甚广,例如哲学、认知科学、语言学、数学、逻辑学、运筹学、经济学、信息论、控制论、神经生理学、医学、仿生学、社会结构学,等等。由此可以看出人工智能是非常复杂的一门科学。目前人工智能已经用于很多场景,例如:机器翻译,交通违章照片的自动处理,从海量数据中寻找有价值的情报,复杂任务的自动化执行(如抵押贷款申请的自动处理),客户情感分析,销售预测分析,智能客服/聊天机器人/客人投诉处理,银行信用卡的欺诈防范,票据处理(例如自动化的差旅报销),智能诊疗(在家自助看病),自动驾驶,智能搜索(在百度或 Google 等搜索引擎正常说话就可以搜索信息,不用绞尽脑汁想关键词)。从这些场景案例我们可以更直观地体会到,什么是人工智能,以及它的功能和价值是什么。

(三)人工智能的技术特点

人工智能的技术结构可以分成知识表示、机器感知、机器思维、机器行为、机器学习五个部分。

1. 知识表示

知识表示就是对知识的一种描述,或者说是对知识的一组约定,一种计算机可以接受的用于描述知识的数据结构。它的作用是将人类知识形式化、模型化,以便被机器使用。知识表示可以视为数据结构+处理机制的综合,包括事先存储的先验知识,以及通过智能推理得到的间接知识。

2. 机器感知

机器感知是指使机器模拟人的感知能力,如视觉、听觉、嗅觉、味觉、触觉等,目前的研究主要以机器视觉、机器听觉为主,主要技术包括模式识别、自然语言处理等。

机器视觉使机器能够从图像、视频中获取有意义的信息,识别周围环境,做出判断,并采取相应行动。机器视觉由卷积神经网络提供支持,应用场景包括社交媒体的照片标记以及自动驾驶汽车等。

机器听觉是一个基于音频信号处理和机器学习对数字声音与音乐的内容进行理解和分析的学科。其通用技术框架包括声音采集,预处理,声源分离或去噪/增强,音频事件检测,提取或学习音频特征,声音分类,声音目标识别及定位等。

而自然语言处理是一种可以从非结构化文本数据中发掘情报和知识的技术,让机器可以读懂人话,实现人和机器用自然语言的顺畅沟通,包括自然语言识别和自然语言生成等。

3. 机器思维

机器思维是指机器基于外部感知信息和内部知识信息进行工作,例如进行推理、规划等,以模拟人类的思考决策。机器思维最大的难点,在于模拟人类的灵感或者顿悟,也就是实现"人工直觉"。

4. 机器行为

机器行为是指让机器模仿人类的表达,例如说、写、画、表情、动作等。以表情为例,表情的模拟技术,有个专有名词叫"情感计算"。20 世纪 90 年代,麻省理工学院的 Cynthia Breazeal 博士制作了 Kismet 仿人社交机器人,研究机器能否辨认和模仿人的情感。它具有视觉、听觉、触觉输入和位置感应,也可以用对话、表情、体态等与人互动。Kismet 具有平静、感兴趣、生气、开心、沮丧、惊喜、恶心等表情定义,使得机器人朝着更像人的方向又迈进了一大步。

5. 机器学习

机器学习是人工智能的一个组成部分,可让系统通过输入的大量数据,以及神经网络和深度学习进行自主学习和改进,而不需要明确编程。它可以让机器模仿人类的学习能力,自主通过学习获取知识,甚至是发明知识。机器学习可让计算机系统通过累积更多"经验"来不断调整并增强自身功能,因此,输入的数据越多,结果就越准确。例如,要训练算法识别什么是猫,就要向它提供大量被标记为猫的图片。事实上,机器学习应用可自动构建统计模型,它能够从数据中学习、识别模式,并且只需极少的人工干预即可制定决策。机器学习还有个通俗的别名,叫 AI 训练,是指为了让人工智能程序更聪明,而用海量的实际场景数据去训练它,等它出师后,就可以"依葫芦画瓢",甚至可以"举一反三"。

以上五个部分和人的成长过程非常类似:首先,在学校接受多年教育,进行知识储备(知识表示);初到职场后,多看多听,熟悉环境(机器感知);碰到问题后积极判断,主动思考，进行策划（机器思维）；然后采取行动计划（机器行为）；最后，为了不断提高，进行终身学习，以便做得更好（机器学习），循环往复，最终成为某个领域的专家。

二、基于人工智能的商业变革

（一）人工智能变革酒店管理的原理和机会

酒店业是劳动密集型行业，人力成本是主要成本之一，而人工智能技术可以在一定程度上替代人工，这将会对酒店业带来革命性影响。

人工智能尤其是弱人工智能技术经过多年发展，已日趋成熟，目前我们已经看到它在酒店业的初级应用，显著减少了员工的工作量。例如，为了减少客人 No Show 带来的收益损失，以及更好地为客人提前安排服务，酒店前台通常会致电当天即将入住的客人，确认其到店时间，以及致电当天即将离店的客人，确认其退房时间；酒店总机也会用相当多的精力，回答不同客人重复的问询等。

举例来说，每家五星级酒店都至少有 5 个员工是用声音来服务客人的，如总机、客房预订、宴会预订、房内订餐、房务中心等，平时客人对她们的感知主要是声音，但一般看不到真人。当人工智能技术充分成熟的未来的某一天，这些岗位将彻底被人工智能打造的数字虚拟人所取代。客人分不清接听他电话的，究竟是真人还是数字虚拟人，因此不会降低体验感。

以上每位员工每年人力成本至少是 6 万元，那么每家酒店相关人力成本至少是 30 万元/年。如果这些人都被人工智能技术所取代，那么对于一个拥有 100 家酒店的酒店集团来说就是 3000 万元/年。集团即便每年拿出 1000 万部署人工智能技术，还能节约 2000 万/年的人力成本。

以上场景所需的语音识别、语义分析、深度学习等技术正逐步成熟，预计在未来 5—10 年将在酒店业普及。届时，这些用声音服务客人的工作将完全用人工智能程序完成，这将催生一系列管理变革，例如组织架构优化、业务流程重组等。

（二）人工智能变革酒店营销的原理和机会

有一篇文章《未来的营销》指出，酒店营销的本质是匹配，将客户需求和酒店产品匹配起来，但传统酒店营销无法做到精准的匹配。客人有预订需求时，往往会去 Google、携程或者其他旅游网站搜酒店，但搜索体验都不太好，很难找到最适合自己的酒店，因为技术还不够强大。绞尽脑汁想到几个搜索关键词输入后，搜到的却是一堆看不出适合与否的酒店，客人需要一个个点进去看点评，但往往选了半天还是不适合的。而从酒店这一边来说，找到匹配的客源也很难，主要靠促销等高成本低效率的方式来引流。

随着人工智能技术的发展，实现完美匹配的可能性越来越大。客人可以直接在智能搜索引擎中输入甚至说出自己的需求,例如,"预订靠近市中心的、私密性好、浪漫高档、舒适透气的酒店,6月16日入住,6月18日离开",得到的将是最符合客人需求的两三家酒店的预订入口。这背后,就是强大的人工智能技术的支持。这样的智能旅游超级搜索引擎即将出现,它将提高客人找酒店以及酒店找客人的效率,并达到较高的匹配精确度,实现客人和酒店的双赢。

(三)人工智能变革酒店服务的原理和机会

以智能调酒师为例,了解一下人工智能技术是如何赋能酒店服务的。

智能调酒师实际上是一条具备人工智能的机械手臂,它的形状就像人的手臂一样,可以灵活移动,前端有类似手的非常灵活的手指,可以精准抓取酒瓶、酒杯等小件物体。

酒店可将它安装在酒吧的吧台上面,与客人互动的典型场景是这样的:

客人在吧台前坐下说:"要一杯粉红佳人。"机械手臂的 AI 系统马上进行语音识别、语义分析等一系列处理,弄明白了客户需求后,一边向客人说"好的,请您稍等",一边立刻去知识库查找粉红佳人的配方,然后转化为行动,机械手臂在程序驱动下依次拿出酒杯和三瓶酒,按配方调制好后,轻轻放在客人面前,说:"让您久等了。"

因为成本高昂等缘故,智能调酒师还未在酒店普及。但是,未来前景很好。它至少可以为酒店带来以下价值:第一,降低酒店寻找好的调酒师的难度以及人力成本。第二,提升酒店调酒师掌握新的调酒技能的能力;第三,随时记录服务客人的每一个细节,并从中发现改善服务和产品的机会;第四,带给客人不一样的体验。

三、人工智能的经典应用案例

目前酒店最普及最经典的人工智能应用案例,恐怕要数智能客服了。一般有两种模式:一种是 AI 音箱,人工智能客服程序嵌入其中,以语音形式呈现,客人直接和 AI 音箱交流对话;另一种是手机客服程序,一般是嵌在酒店的 App 中,多以文字、图片方式和客人交互,少部分也支持语音。这两种模式用到的人工智能技术基本相同。首先,通过语音识别,将客人语音变成文字。然后,通过语义识别等自然语言处理,让 AI 程序听懂客人的问题。接着,进行数据库检索,找到客人所需要的答案,然后以文字或者语音的模式反馈给客人。这类智能客服程序,大大提升了酒店的服务质量和效率。

首先,减少了酒店服务人员的工作量,让员工可以做更有创造性的工作。例如北京一家五星级酒店在总机使用了智能客服程序后,总机回答客人例行问询的工作减少了三成。

其次,改善了客人的服务体验。一方面,客人的问询由掌握标准答案的智能客服(酒店员工常常记不住那么多内容,且酒店一线服务岗位流动率很高,新员工更加不熟悉相关内容)来回答,客人满意度更高。另一方面,智能客服的工作时间为 7×24 小时,且永远耐心友好,没有负面情绪,客人体验更好。

人工智能在酒店业的应用

最后，帮助酒店及时准确地把握客户需求。有的智能客服，充分利用自然语言处理等技术在客人海量留言信息中，及时捕捉客户语气和情感，发现客人需求变化，并自动形成客户需求分析报告，指导酒店相关部门围绕客户需求进行产品优化和服务变革。

常住酒店的客人可能会发现，同样的智能客服程序，在不同酒店的效果和体验不一样。这是因为，智能客服能发挥多大价值，除了技术，还取决于以下两个重要因素：一是后台知识库的内容丰富度（所有针对客人问询的答案都在这里），二是 AI 训练的深度。知识库内容越丰富，AI 训练越充足，那么智能客服的表现就越智能，就越像人，客户的体验感就越好。

 主要术语

1. 人工智能：人工智能（Artificial Intelligence，AI）是关于模拟和延伸人类智能和行为的一整套理论、方法和技术。

2. 强人工智能：指真正能推理和解决问题的智能机器。由人工常规智能（AGI）和人工超级智能（ASI）组成。

3. 弱人工智能：指机器具有部分人类智能，经过一定 AI 训练后，可完成特定任务，但它不具备自主意识。

4. 知识表示：是对知识的一种描述，或者说是对知识的一组约定，一种计算机可以接受的用于描述知识的数据结构。它的作用是使人类知识形式化、模型化，以便可以被机器使用。

5. 机器感知：指机器具备人的感知能力，模拟人的视觉、听觉、嗅觉、味觉、触觉等，主要技术包括模式识别、自然语言处理等。

6. 机器视觉：指机器能够从图像、视频中获取有意义的信息，识别周围环境，做出判断，并采取相应行动。

7. 机器听觉：指机器能够基于音频信号处理和机器学习对数字声音与音乐的内容进行理解和分析。

8. 自然语言处理：是一种可以从非结构化文本数据中发掘情报和洞见的技术，让机器可以读懂人话，实现人和机器基于自然语言的顺畅沟通，包括自然语言识别和自然语言生成等。

9. 机器思维：指机器基于外部感知信息和内部知识信息进行处理，以模拟人类的思考决策。

10. 机器行为：指让机器模仿人类的表达，例如说、写、画、表情、动作等。

11. 机器学习：是人工智能的一个组成部分，可让系统基于大量数据，使用神经网络和深度学习进行自主学习和改进，而不需要明确编程。它可以让机器模仿人类的学习能力，自主通过学习获取知识，甚至是发明知识。

项目二 了解影响酒店数字化运营的关键技术

任务小结

人工智能已经成为全球新一轮产业变革的核心驱动力,在酒店业也随处可见它的身影。

人工智能有两个目标使命:一是模拟人类,二是超越人类。

根据实现目标的不同,人工智能可以分成强人工智能和弱人工智能两类。人工智能的技术可以分成知识表示、机器感知、机器思维、机器行为、机器学习五个部分。

人工智能技术可以在一定程度上替代人工,这将会对酒店业带来革命性影响。在管理上将催生一系列变革,例如组织架构优化、业务流程重组等。在营销上,人工智能技术能够将客户需求和酒店产品精确匹配。在客户服务上,人工智能可以帮助酒店降低人力资源成本,改善服务和产品并带给客人不一样的体验。

 训练题

一、自测题

1.什么是人工智能?

2.人工智能有哪些核心技术?分别具备什么价值?

3.酒店送物机器人属于人工智能技术吗?为什么?

二、讨论题

你认为人工智能技术在酒店普及还需要多久?都有哪些应用场景?

三、实践题

去酒店实地考察人工智能落地情况以及酒店的需求,印证课堂讨论的人工智能未来可能应用场景的落地性。

任务7 区块链

一、认知区块链

(一)区块链的技术背景

2008年11月1日,一位自称是中本聪(Satoshi Nakamoto)的人发表了《比特币:一种点对点的电子现金系统》一文，阐述了基于 P2P、加密、时间戳等技术的比特币的体系框架。2009 年 1 月 3 日，中本聪创建序号为 0 的数据区块（称作"创世区块"），其后数天序号为 1 的区块生成，并与序号为 0 的创世区块相连成链，标志着区块链的诞生，如图 2-6 所示。比特币是区块链的应用，区块链则是比特币的技术基础。

图 2-6　区块链连接了一个个的数据区块

此后，随着区块链的发展出现两个群体：一个是币圈，一个是链圈。前者吹捧比特币等电子货币，后者则坚守区块链的技术本质，信奉"Code Is Law"（代码即法律），并将其应用于各行各业。比特币的疯狂炒作以及大起大落，为区块链带来了"骗术"的恶名。很多人认为中本聪发明了一个普通人看不懂的玩意儿，让 2100 万枚比特币成为一种新的骗术道具，就像当年庞氏骗局的始作俑者查尔斯·庞兹（Charles Ponzi）发明的让很多人看不懂的、复杂的邮政票据投资计划一样。中本聪本人也从不以真面目示人，谁也没和中本聪一起吃过饭或者开过会，这就进一步强化了大家的这种猜测。

很多币圈的拥趸热衷于基于区块链发行比特币那样的电子货币（俗称"代币"），也叫 ICO（Initial Coin Offering），即首次币发行，类似于股票市场的首次公开募股（Initial Public Offering，IPO），可带来一夜暴富的机会，所以被投机者疯狂追捧。

但因为没有真实业务场景的支持，没有服务商的价值创造，没有客户的需求满足，相关人员只是一味追求通过 ICO 炒币赚钱（类似于没有业绩根基的股价操纵），所以给人留下了骗子的印象。区块链本身并非骗局，甚至比特币等代币也不是骗局，只是被投机者用来作为发财致富的道具了而已。随着应用场景的丰富，不管是区块链还是代币，都将发挥巨大的价值。很多酒店都在使用的积分，其实类似于代币（目前酒店积分体系的底层技术还不是区块链，这里只是打个比方），为什么没人说积分是骗局，因为它有应用场景，实实在在为客户带来了价值。

当大众对区块链以及比特币众说纷纭时，各国政府、各大公司则纷纷在做战略布局。例如，中国政府非常重视区块链发展。2019 年 10 月，中央政治局第十八次集体学习时强调，要"把区块链作为核心技术自主创新的重要突破口"，并"加快推动区块链技术和产业创新发展"。截至 2021 年，国家各部委发布的区块链相关政策已超 60 项，区块链亦被写入"十四五"规划纲要中。

同时，腾讯、阿里、百度、京东、微软、IBM 等知名技术公司也在纷纷部署区块链基础设施，旅游行业也出现越来越多的区块链创业项目，如 Winding Tree、Tripio、RezChain、UTour、Atlas，等等。权威研究机构 Gartner 从 2017 到 2020 连续四年发布的十大战略技术趋势中都包括区块链,可见其在政府、科技公司、传统行业,以及研究机构心中的地位。

2017—2020 年 Gartner 发布的十大战略技术趋势见表 2-2。

表 2-2　2017—2020 年 Gartner 发布的十大战略技术趋势

序号	2017	2018	2019	2020
	技术趋势	技术趋势	技术趋势	技术趋势
1	AI 与高级 ML	AI 基础	自助设备	超自动化
2	智能 App	智能应用和分析技术	增强分析	多重体验
3	智能物件	智能物件	AI 驱动的开发	民主化
4	VR & AR	数字孪生	数字孪生	人体增强
5	数字孪生	云到边缘	赋能边缘	透明与可追溯
6	区块链和已分配分类账	对话式平台	沉浸式技术	增强边缘
7	会话系统	沉浸式体验	区块链	分布式云
8	网格应用和服务架构	区块链	智能空间	自主物件
9	数字技术平台	事件驱动	数字道德和隐私	实用区块链
10	自适应安全架构	CARTA	量子计算	AI 安全

区块链技术最初是从金融圈被引入旅游圈的。去中心化、智能合约、共识机制、通证经济,这些概念让人耳目一新,充满期待。一方面,大公司期望借助区块链这种新技术,以更科学的方式做大做强,颠覆传统的项目拓展、营销、管理和服务模式,效率更高,效果更好,从而基业长青。另一方面,中小酒店也看到了良性发展的希望,新技术往往是打破马太效应的有力武器,他们期待借助技术手段快速聚拢资源,或结成去中心的联盟,打破已有的垄断。

区块链就这样带着一种使命、一股强大的气场呼啸而来,不管人们对它有多少争议,它都是近十年来旅游业中最具颠覆性气质的创新,有望构建新的商业秩序和利益格局。据 Gartner 预测,区块链将在 2030 年前创造 3.1 万亿美元的商业价值。

(二)区块链的定义

简单来说,区块链(Blockchain)是指按照时间顺序、将数据区块串连起来的分布式账本,以密码学方式保证不可篡改,以共识机制生成和更新数据,并在可信数据基础上自动缔结智能合约。

区块链的技术结构见图 2-7。

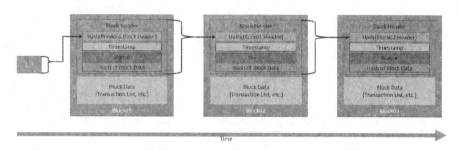

图 2-7　区块链的技术结构

具体来说，区块链就是一个个数据区块（Block）串起来的链条（Chain），每个数据区块中存储了交易数据、时间戳（表明这个区块产生的时间）以及与之连接的上一个区块的特征（如果有人偷偷修改了上一个区块的信息，这个特征值就会变化，于是就会被所有人发现）等信息，每一个区块都不能被删除，要按照生成的时间顺序连接在一起，因此这个区块链条是不断增长的，越来越长，并且被复制在所有的服务器中。

只要有一台服务器还在工作，整条区块链就是安全的。这些服务器在区块链系统中被称为节点，如果要修改区块链中的信息，必须征得半数以上节点的同意并修改所有节点中的信息，而这些节点通常掌握在不同的机构主体手中，因此篡改区块链中的信息是一件极其困难的事情。

而每生成一个区块，就叫作一次交易记账，所以区块链这个共享式数据库也被称为"分布式账本"。之所以叫"分布式"，是因为交易记账是由分布在不同地方的多个节点共同完成的，每一个节点都拥有完整的账目，都可以参与监督交易的合法性，并相互做证。而共识机制则规定了所有记账节点之间应如何达成共识、以认定一个记录的有效性以及如何防止篡改。区块链的共识机制遵循"少数服从多数""弱者服从强者"以及"人人平等"的原则，"少数服从多数"是指节点个数，"弱者服从强者"是指计算能力，"人人平等"是当节点满足条件时，所有节点都有权优先提出共识结果、直接被其他节点认同并有可能成为最终共识结果。

"智能合约"也是区块链技术的重要内容。智能合约是指基于这些不可篡改的数据，可自动化执行预设的一系列规则和协议。以保险为例，如果被保险人各项信息都是真实可信，那就很容易针对标准化保险产品进行自动化理赔，而无需人工理赔员进行核实。

区块链分三种类型：

（1）公有区块链（Public Block Chains）：隶属于所有人的区块链，世界上任何个体或者团体都可以发送交易，且交易能够获得该区块链的有效确认，任何人都可以参与其共识过程。公有区块链是最早的区块链，也是应用最广泛的区块链。比特币就是公有区块链的典型应用。

(2)行业区块链(Consortium Block Chains):隶属于某个群体的区块链。有权记账者是多个预选的节点,其他接入节点参与交易,但不过问记账过程。

(3)私有区块链(Private Block Chains):隶属于某个公司或个人的区块链。

(三)区块链的技术特点

如定义所述,区块链有很多独特的技术特点,其中重要的三个是分布式账本、智能合约以及成熟技术组合。

1. 分布式账本

区块链是一种分布式账本,它用分布式信任机制替换了传统的中央信任机制。中央信任机制最典型的例子是银行,大家都把钱存在银行,所有人的存款记账都由银行来做,银行就是大家的中央信任机构。在中央信任机制下,只有中心权威机构拥有一个单一的账本,一切由中心说了算。一旦中心弄虚作假,我们毫无办法,也无法举证。中心一旦受到攻击崩塌,我们寄存于此的一切资产和资源就统统化为乌有。而在分布式信任机制下,人手一个账本,谁单独说了都不算,联合起来说了才算,用技术手段实现了分布式民主抗衡中心式权威,并且抗攻击能力大幅度提升。

区块链技术天然就具备"去中心"的特质,"去中心"带给酒店从业者最直接的想象,就是去除携程这样的订房中介机构,从而大大降低酒店的分销成本,提高营销自主权。

2. 智能合约

区块链是一系列智能合约,是架构于互联网通信协议之上的价值交换协议。通过这些协议,资源实时自动聚集,合作自动缔结,利益按照约定自动分配。所以我们可以说,区块链本质上是利用技术构建了一套新的商业逻辑。一旦大家都遵守新的游戏规则,行业就被颠覆了。

例如,在酒店分销领域,以前是由携程这样的OTA,联通酒店和旅行者等上下游,而区块链时代,则是由智能合约来联通上下游,OTA将被大家共同遵守的协议所颠覆。再比如,以前谁想拿到其他酒店的库存,得派销售人员出去一家家谈合作,然后大家做系统接口,进行数据同步,现在只要按照某个区块链智能合约编程即可实现。对于那些已经上链的酒店,瞬间就能拿到其库存。这样,酒店客房库存不再成为OTA的垄断资源,OTA的此项竞争优势瞬间消失。颠覆OTA的区块链平台公司正在崛起,例如Winding Tree,它提供了一整套旅游行业的协议,让合作自动进行。

3. 成熟技术组合

区块链其实并不是一种新技术,而是多种成熟技术的组合。区块链的核心技术包括密码学、电子签名技术、链式数据结构、可信时间戳、工作量证明、智能合约,等等,这些都是早已被发明的技术,区块链只是以一种新的技术哲学和商业思维将其重新组合和完善了而已。区块链的技术基础是非常成熟的,其落地性也比人工智能等技术更强,值得酒店从业者更多地关注和投入。

二、基于区块链的商业变革

区块链的技术特点,如去中心的能力,共识机制,智能合作,分布式账本等带来真实无篡改数据、高信任关系等,为酒店提供了巨大的商业变革机会。

(一)区块链变革酒店管理的原理和机会

以酒店供应链管理为例。区块链的出现,将使酒店和供应商合作的模式发生巨大变化。

首先,供应商寻源更简单,简化了供应商加入流程。酒店为了服务客人,每年要和数以千计的各种类型的供应商合作,例如,食品供应商、设备家具供应商、服务提供商(例如 SPA 经营商)等。寻找合适的供应商,是一件费时费力的工作。酒店业正在依托区块链技术进行采购平台创新,在未来的酒店采购区块链平台上,酒店的需求以及供应商真实不可篡改的能力业绩口碑等数据,将实时匹配,合适的供应商会自动被系统推荐给合适的酒店。针对某些规则明确、价格透明的细分品类的采购合作,酒店甚至可以设定智能合约,无需人工干预,自动引入供应商,自助签约供货。

其次,供应商合作关系管理更顺畅。真实数据、智能合约等技术让酒店和供应商之间建立起客观有效的信任关系,业务流程简单且高效率,信息数据真实且无隐瞒,双方业务纠纷的解决以及新的合作项目的引入,均可自动进行。这样,无论是酒店方还是供应商,都有更多的时间从事关键工作和创新,而不用把精力花在相互打官司之类不增值甚至负价值的工作环节上。

最后,供应链可见,食品可溯源,保障了食品安全。酒店做的是关于人的生意,最应重视保障客人的人身安全,食品安全是重中之重。一旦发生食物中毒事件,找到原因,消除隐患,补偿客人,就都要迅速落实。而这一切,均可通过区块链技术完成。区块链技术驱动的供应链管理全程透明可视,更具弹性,可以帮助确保食品安全和新鲜度,并减少浪费。当食品在供应链中移动时,每一个行动都将被记录,并产生审计跟踪日志。这样,当中毒事件发生时,可以瞬间向上追溯到零售商、批发商、源头供应商,甚至农场里的某块菜地,问责、补偿、消除后患也可以快速完成。

(二)区块链变革酒店营销的原理和机会

五星级酒店和文化艺术之间有天然的关联,很多酒店自身就是一件有文化气息的艺术品。当前,五星级酒店在疫情常态化背景下举步维艰,纷纷谋求业务和营销创新,提振经营业绩。一个正在尝试的方向,是利用数字技术开发数字艺术品,以数字画廊、数字作品拍卖和交易等方式获得新的营收增长点。但这种新型业务模式,需要数字版权技术的支持,否则难以长久,甚至无法开展。

区块链技术是解决方案之一,它可以对数字作品进行鉴权,证明文字、图像、音频、视频等作品的存在,保证权属真实唯一。作品在区块链上被确权后,后续交易都会进行实时记录,实现数字版权全生命周期管理,并支持司法取证。例如,美国纽约一家创业公司 Mine Labs 开发了一个基于区块链的元数据协议,这个名为 Mediachain 的系统利用 IPFS 文件系统,实现数字图片作品的版权保护。

(三)区块链变革酒店服务的原理和机会

很多年前,一些五星级酒店推出绿色客房计划,倡导客人在客房内节水省电,但推行效果并不理想。由于缺乏有效的证据,客人并不相信酒店是在真正地做公益,很多人怀疑这只是一个噱头,床单不再每日更换,以及客人小心翼翼节省下的水和电,都变成了酒店的额外利润,并没有回馈社会,支持公益事业。

现在借助区块链技术,酒店得以重新启动绿色客房计划(名字或许会变成"双碳计划"或"可持续发展计划"),并建立与客人之间真正的信任。在酒店服务客人的全过程中,酒店员工和客人所做的每一件事情,都记录在区块链中,真实有效,不可篡改,且人人可见。公益机构也可以参与此过程,监管酒店和客人的各种动作和数据,如节电、节水、节约劳动力情况、捐赠明细、资金流向、受助反馈等,公开透明,方便全社会监督。当这件事做在了明处,就取得了公信力,然后才能真正地做起来,并长期持续做下去。

三、区块链的经典应用案例

区块链技术最大的特点是去中心,因此很自然就想到可以利用区块链技术构建新型的营销体系。先来简单回顾一下目前酒店的线上营销模型,如图 2-8 所示。

从图中可以看出,客户线上订房有两个入口:一是酒店集团的直销渠道,二是 OTA 等分销渠道。在酒店或酒店集团官渠只能订到自己的客房,而在 OTA 等分销渠道则可以订到更多酒店或酒店集团的客房。很多客户为了避免麻烦,往往选择去 OTA 订房,OTA 上客房数量多,可以一站式满足几乎所有订房需求。这样,OTA 就成为客户订房的主要入口,成就了目前这种中心化的订房模式(OTA 是中心)。当然也有些客户,为了获得更好的服务或者更多的优惠,选择成为一家或几家酒店集团的会员,在酒店官渠订房,但他们往往也同时保留 OTA 的订房 App,以做对比和补充。这种模式赋予了 OTA 强大的话语权,为酒店所担心和诟病,酒店的分销成本也随着 OTA 业绩压力的提升而攀升。因此酒店都想变革这种中心化的模式,形成一种全新的"去中心"的模式。

首先从概念上辨析一下,什么是"去中心"?去中心,就是没有中心。例如,没有集中的预订入口,也没有集中的客房库存,这样,才不会有垄断。客人订房不用去 OTA

区块链在酒店业的应用

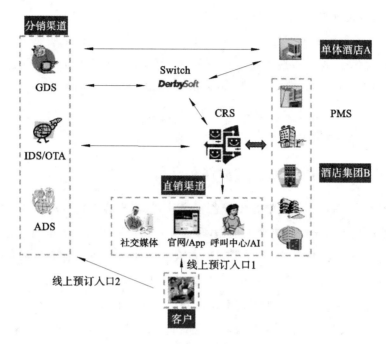

图 2-8　传统酒店在线营销示意图

了,随便找一个酒店官网就能订,并且在这个酒店官网,不仅可以订到这家酒店的客房,还可以订到其他酒店的客房。基于这样的理解,可以为"去中心"的酒店在线营销模式下一个定义,即通过技术手段,实现酒店预订入口、库存、会员等资源"在物理上独立分散,而在逻辑上集中共享",是一种"店店是预订入口,个个有别人库存,家家是 OTA,随时可以做联盟"的"分散共享"的业务模式。其模型如图 2-9 所示。

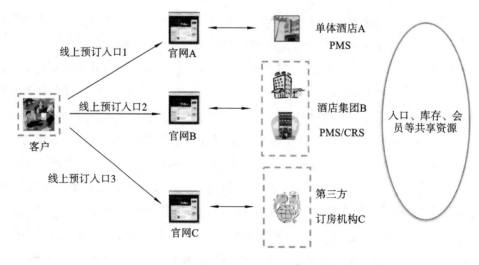

图 2-9　"去中心"的酒店在线营销商业模型

这种模型的实质或者基本要求是"分散共享",因为只有分散的,才是去中心的。只有共享的,才能满足商业目的。具体来说,至少涵盖如下三个方面:

其一，入口共享，即开放自己的官网为他人所用。例如，在 A 酒店官网上，不仅可以订 A 酒店客房，还可以订 B 酒店集团的客房，或者 C 订房机构所汇聚的客房。当然，为了保护自己利益，A 酒店可以有选择地将竞争对手的客房隐藏掉。从这一点来说，A 酒店其实就变成了一个 OTA，可以和其他酒店互免佣金，或结算差价，也可以按订单酌情收取一个很少的固定的系统资源占用费。

其二，库存共享，即将自己的库存共享给其他酒店或者订房机构，而且这种共享是自动化的。例如，只要 B 酒店集团允许，并且 A 酒店接受，那么 B 的库存就能自动在 A 的官网上看到，A 和 B 之间无须做任何人工商务谈判或者技术接口，大家遵循一个默认的统一的行业交易规则，而接口则是自动化的。

其三，会员共享，不同酒店可以通过简单的后台参数设置，瞬间实现会员联盟。例如，B 酒店集团可以选择与资源互补的 W 酒店集团结成联盟，当 B 的会员到 W 旗下的酒店入住时，可以积 B 酒店集团的会员积分，反之亦然。

正是由于实现了入口的共享和库存的共享，才实现了订房入口的分散，每家酒店、每个集团、每个订房机构都有自己独立的预订官网，客人可以随便挑一个自己熟悉或信任的来用，并且任何一个入口都类似 OTA。这样，谁也不能、也不必垄断入口，垄断流量。库存会自动汇聚，入口也不再重要。这样一种分散共享的模式，才能真正实现"去中心"。

以上讲解了原理，在技术实现上，途径之一是利用区块链技术改造传统的酒店管理系统（Property Management System，PMS），形成区块链驱动的新型 PMS。PMS 管理着酒店库存和客人档案，并且是酒店官渠的关键后台，因此很自然就能想到，它就是天然的实现以库存共享、会员共享和入口共享为基本特征的去中心的在线营销业务模型的技术载体，只不过需要利用区块链技术进行全新的升级改造，并遵循统一的标准，例如库存共享标准、会员共享标准、订单和结算管理标准等。

这种"去中心"的在线营销模式将是未来趋势，它能大大降低交易成本，提高交易效率，化垄断为均衡，更符合行业各方利益。同时，它也带给传统 PMS 厂商全新的市场机遇。它甚至会引发传统酒店集团管理模式的变革，酒店集团这个"中心"也会被逐步去除。未来的酒店，再也不必归属于某一个集团、某一个品牌、某一个会员体系，而是可以有更多灵活的选择。

主要术语

1. 比特币：全球市值最大的加密货币，是一种去中心化的 P2P 形式的数字货币，不依靠特定货币机构发行，它依据特定算法，通过大量的计算产生。比特币经济使用整个P2P网络中众多节点构成的分布式数据库来确认并记录所有的交易行为,并使用密码学的设计来确保货币流通各个环节的安全性。

2. 区块链:指按照时间顺序,将数据区块串连起来的分布式账本,以密码学方式保证不可篡改,以共识机制生成和更新数据,并在可信数据基础上自动缔结智能合约。

3. 分布式账本:是一种在网络成员之间共享、复制和同步的数据库。分布式账本记录网络参与者之间的交易,比如资产或数据的交换。这种共享账本降低了调解不同账本所产生的时间和开支成本。

4. 智能合约:是一种旨在以信息化方式传播、验证或执行合同的计算机协议。智能合约允许在没有第三方的情况下进行可信交易,这些交易可追踪且不可逆转。

区块链就是一个个数据区块(Block)串起来的链条(Chain),每个数据区块中存储了交易数据、时间戳以及与之连接的上一个区块的特征等信息,每一个区块都不能被删除,按照生成的时间顺序连接在一起,且不断增长,越来越长,并且被复制在所有的服务器中。篡改区块链中的信息是一件极其困难的事情。区块链分公有区块链、行业区块链、私有区块链三种类型。区块链的技术特点主要是分布式账本、智能合约以及成熟技术组合。

区块链的技术特点为酒店提供了巨大的商业变革机会。特别是在供应链管理方面,真实数据、智能合约等技术让酒店和供应商之间建立起客观有效的信任关系,业务流程简单且高效率,信息数据真实且无隐瞒。区块链可以确保食品可溯源,保障了食品安全。在营销产品方面,区块链可以帮助企业开发数字艺术品,获得新的营收增长点。此外,借助区块链技术,酒店得以重新启动绿色客房计划,并建立与客人之间真正的信任。

训练题

一、自测题

1. 什么是区块链?
2. 区块链有哪些技术特点?
3. 区块链在酒店中的应用场景有哪些?

二、讨论题

为什么区块链可以"去中心"?这一特点将为酒店带来什么样的变革?

三、实践题

去酒店实地考察区块链技术的落地情况,并了解酒店管理层和员工在日常工作中的难点和痛点,思考其中哪些可以用区块链技术来解决。

任务 8　元宇宙

一、认知元宇宙

(一)元宇宙的发展背景

元宇宙始于 1992 年出版的科幻小说作家尼尔·斯蒂芬森(Neal Stephenson)的第三部著作《雪崩》(Snow Crash)里提到的 Metaverse(元宇宙)和 Avatar(化身)两个概念。在这部著作中,除了现实世界外,还有一个平行的数字虚拟世界,人们在其中可以拥有自己的虚拟替身,这个虚拟的世界就叫作"元宇宙",在现实世界中地理位置彼此隔绝的人们可以通过各自的"化身"做你在现实世界中可以做的事情。例如,和家人吃饭逛街购物,参加各种娱乐活动等。更让人兴奋的是,元宇宙中会建立人类社会独特的社交机制,在这个虚拟世界中,你和/或你的"化身"可以与其他人交互,包括眼神沟通、肢体沟通,甚至还可以握手和拥抱。

中国最早的"元宇宙"概念可追溯到三十多年前。1990 年,钱学森院士在致汪成为的书信手稿中,提到 Virtual Reality(虚拟现实),并将其翻译为具有中国味儿的"灵境",使之应用于人机结合和人脑开发的层面上,并强调这一技术将引发一些震撼世界的变革,成为人类历史上的大事。

元宇宙这个词几十年来都未曾引人重视,直到价值上万亿美元的 Facebook(脸书)公司将公司更为 Meta,对外宣布大力进军元宇宙虚拟现实领域。这个事件轰动了全世界,并很快引起了不少互联网企业和硬件厂商的兴趣与共识,不少大型互联网平台和游戏企业开始进军这个方兴未艾的领域。得益于 5G 网络、大数据、云计算、区块链等新一代信息技术在商业化运用中的快速普及,"元宇宙"超越了传统的虚拟现实技术,使得人类实现"数字化生存"的梦想不再遥不可及,虚拟世界有可能成为人们与现实世界一样丰富多彩的生活场所。

元宇宙是一场伟大的产业革命,会给人类生活和工作带来很多新事物。中国的科技企业也在积极探索和参与这一场数字变革,中国的互联网大厂、直播平台、零售企业、硬件厂商都纷纷进入元宇宙领域,中国元宇宙产业已呈现百花齐放状态。从 2021 年开始,无论是国家层面还是各地方政府,针对元宇宙相关产业的政策设计已开始有序推进。

在国家层面,中央纪委国家监委曾于2021年12月在文章《元宇宙如何改写人类生活》中表示,要理性看待元宇宙带来的新一轮技术革命和对社会的影响,不低估5—10年的机会,也不高估1—2年的演进变化。2022年1月,工业和信息化部在中小企业发展情况发布会上表示,要特别注重培养一批深耕专业领域工业互联网、工业软件、网络与数据安全、智能传感器等方面的"小巨人"企业,培育一批进军元宇宙、区块链、人工智能等新兴领域的创新型中小企业。在地方层面,截至2022年6月,已有6省16市地方政府相继发布元宇宙建设规划。比如2021年12月,上海市印发了《上海市电子信息产业发展"十四五"规划》,首次将元宇宙写入地方政府工作报告,提出探索新一代信息技术融合应用,围绕人工智能+大数据、云计算+边缘计算、5G+扩展现实、区块链+量子技术、云边端协同、数字孪生+数据中台等,推进技术协同攻关、标准规范制定、平台建设和应用创新等。深圳成立元宇宙创新实验室,多领域拓展数字人民币、元宇宙等技术应用场景,扎实推进深圳数据交易中心建设,打造数字经济发展新高地。在广州,粤港澳大湾区首个元宇宙专项扶持政策《广州市黄埔区、广州开发区促进元宇宙创新发展办法》于2022年4月份发布,以期引领新一轮科技革命和产业变革,为广东省元宇宙领域产业发展提供试点经验和示范引领。

2022年,全球首个元宇宙国际标准联盟正式宣告成立,该联盟被命名为"元宇宙标准论坛",由全球数十家科技行业巨头组成,包括Meta、微软、Epic、英伟达、高通、索尼等,类型覆盖芯片制造商、游戏公司以及标准制定机构(如万维网联盟(W3C))等,中国的华为和阿里巴巴达摩院也在创始成员名单之中。

(二)元宇宙的概念

有专家认为,元宇宙是虚拟现实和数字第二人生两个概念的融合。通过虚拟现实技术,用户可以戴上头盔,让自己在虚拟空间中过上第二人生。在虚拟空间中,每个人有一个化身,你和你的网上化身可以在虚拟空间中与他人进行互动和参加各种活动,也会在里面消费,例如,为自己的数字化身购买服装和物品。可以说,元宇宙是现实世界和虚拟世界的虚实共生。

元宇宙本身不是技术,而是一个理念和概念,它整合不同的新技术,例如Web 3.0、区块链、数字凭证技术(NFT)、5G、数字孪生、云计算、拓展现实、脑机接口、人工智能和XR设备等,从而形成虚实相融的互联网应用与社会新形态。元宇宙基于扩展现实技术为用户提供沉浸式体验,通过数字孪生技术和3D渲染技术生成现实世界的镜像。元宇宙的经济体系是借助于区块链技术实现的,使得实现世界和虚拟世界的社交系统、身份系统深度融合,允许用户对内容进行生产和编辑。

也有专家说,元宇宙是人类生活在三维数字世界的重构。元宇宙将增强人的眼界、味觉、触觉等,屏幕将变成人们的"千里眼",传感器将变成人们的"顺风耳",计算机软件将助力人们实现语言的互通与统一。总而言之,元宇宙无缝衔接社交、工作和消费的大量平台,将虚拟现实(VR)、增强现实(AR)、混合显示(MR)、互联网以及真实世界融合在一起,形成一个去中心化的、透明的社会形态。用户拥有自我主权身份和数字产权,可以开展沉浸式社交并根据他们的参与程度在元宇宙中拥有发言权。人们可以在元宇宙中谋生、从事商业活动并获得社会地位。

还有专家认为,元宇宙是下一代互联网。元宇宙的出现使得互联网进入了Web3.0阶段。Web3.0是指利用区块链技术发展起来的新型去中心化网络。现在的互联网上的各种应用、交易、所有权都离不开背后的技术开发公司。而在Web3.0上,由于区块链的去中心化属性,用户所创造的数字内容的所有权和控制权都归属于用户,用户所创造的价值可以由用户自主选择与他人签订协议进行分配。这种模式和Web1.0与Web2.0阶段的模式是完全不同的。Web1.0是第一代互联网,用户通过互联网访问网站,获取信息,但用户在网上只能读而不能写,没有办法参与内容创造。Web2.0是交互式互联网,主要应用就是社交网络和电商,人们可以在网上自由地创造内容,但这些由用户创造内容却归相关的平台所有,内容创造者的权益无法得到保障。因此,可以说只有在Web3.0阶段,用户才真正意义上拥有数据的所有权、控制权和操作权。

综合上述概念,元宇宙是下一代互联网,包括虚拟世界和现实世界,是一个在现实世界基础上永久共生的一个实时虚拟空间;将现实世界和虚拟世界相互融合,构建一个具有互操作性的生态。

元宇宙的建立与运行需要集成如下技术:
(1)人机交互技术;
(2)区块链和数字凭证技术(NFT);
(3)人工智能技术;
(4)云计算和网络技术;
(5)物联网技术;
(6)数字孪生技术。

(三)元宇宙的特点

Roblox提出了通向"元宇宙"的8个关键特征,即Identity(身份)、Friends(朋友)、Immersiveness(沉浸感)、Low Friction(低延迟)、Variety(多样性)、Anywhere(随地)、Economy(经济)、Civility(文明),其中,文明是最终发展方向。

(1)身份:你有一个虚拟身份,可以是摇滚明星,也可以是乞丐。
(2)朋友:你可以和真人交朋友,并且在元宇宙里社交。
(3)沉浸感:你觉得处于其他地方,并且失去了对现实的感知。
(4)低延迟:当你想进入元宇宙的时候,马上就能够进入。

(5)多样性:这里必须有大量差异化的内容,支持人们长期的兴趣。

(6)随地:你能够从任何地方登陆,无论是在学校还是在公司。

(7)经济:这里同样有各种职业,也可以获得这个世界的金钱。

(8)文明:人们聚到一起,创造出独特的数字文明。

全球在元宇宙领域的意见领袖 Matthew Ball 对 Mataverse(元宇宙)的特征总结如下。

(1)持续性:能够长久存在,不会突然消失。

(2)实时性:能够与现实世界保持同步,拥有现实世界的一切形态。

(3)兼容性:可以容纳任何规模的人群以及事物,任何人都可以进入。

(4)经济属性:存在可以完整运行的经济系统,支持交易、支付、由劳动创造收入等。

(5)可连接性:数字资产、社交关系、物品等都可以贯穿于各个虚拟世界之间,以及可以在"虚拟世界"和"真实世界"间转换。

(6)可创造性:虚拟世界里的内容可以被任何个人用户或者团体用户创造。

综合上述观点,元宇宙的特点可以汇总如下。

1. 身份性

在元宇宙中,任何人都可以进入,但每个人都如现实世界一样,拥有一个独一无二的虚拟身份,即 Avatar(化身)。

2. 社交性

在元宇宙中,人们的社交关系可超越现实世界和虚拟世界,每个人所处的环境比现实世界中更加丰富、有趣,人们在虚拟的娱乐、休闲、办公场景中互动并构建一个全新的社交网络体系,人们可以扮演他们在真实世界中无法扮演的角色,并以这个身份同元宇宙中的其他人相互交往,产生协作,创造价值。

3. 沉浸感

在元宇宙中,人们通过 VR、AR、脑机接口等技术实现沉浸式体验。虚拟世界和现实世界相互交融,线上与线下结合的沉浸式场景是元宇宙的重要组成。

4. 持续性

元宇宙是去中心化的,并非某个组织和机构所拥有的平台。元宇宙的运营是持续性的、不间断的。无论用户在线与否,其在元宇宙中都将长期存在并与环境发生互动。用户在元宇宙中创造的价值和所持有的资产不会消失。

5. 可创造性

在元宇宙中,每个人和其"化身"都可以独立自主创造内容,或者在前人的基础上持续创造内容。没有创造,元宇宙就没有可供交易的商品。在元宇宙中,人们进行的是数字创造,创造的是数字产品,物质都是数字化的。元宇宙是否繁荣取决于数字创造者的数量和活跃度。

6. 经济属性

元宇宙拥有一个完整的经济体系,以虚拟商品交易为核心,支持数字虚拟产品生产和消费的全链条活动,支持虚拟消费品、虚拟房地产、虚拟数字藏品交易等各种经济活动。这种数字产品的创造、交换、消费等所有在数字世界中进行的经济活动被称为元宇宙经济。元宇宙经济可以真切地影响现实世界,甚至改变现实世界中人们的行为。

7. 可连接性

元宇宙通过构建虚拟世界与现实世界的桥梁,打破两者之间的界限,实现有机黏合。因此,数字资产、社交关系、数字产品等都可以在"虚拟世界"和"真实世界"间转换,元宇宙的经济活动和行为可以实时串联起现实世界和虚拟世界。

二、基于元宇宙的商业变革

(一)元宇宙对企业管理模式的变革

在元宇宙时代,企业的用户不仅仅生活在现实世界中,也生活在虚拟世界中。消费者对企业与产品的认知和购买决策行为会在虚拟与现实中切换。在虚拟世界中,同样有满足消费者衣、食、住、行、用、娱、教、社交等各种需求的产品和生产、供应、销售此类产品的各种企业。因此,企业的管理模式也必须在现实世界和虚拟世界中同步。企业既在现实世界拥有员工、办公场所、客户和开展商业活动,也在虚拟世界拥有员工、办公场所、客户和开展商业活动。数字员工将在元宇宙时代大量涌现,企业内部的沟通方式及其与客户的沟通方式都将发生巨变。例如,在元宇宙的学校里面,现实世界的教师可以以数字人的方式,进入学校搭建在元宇宙中的教室,面对在元宇宙中的学生"化身"进行授课;或者以数字人的身份为现实世界中处在真实教室中的学生进行立体化的授课。学生将借助于VR/AR技术进行沉浸式、智能化的学习,学生的创造力将被不断激发,学习效率和沟通效果不断提升。学校在现实世界中的面积可能不大,但是在虚拟世界可能拥有全世界各地的学生。

因此,可以设想,元宇宙时代,企业生产、沟通和协作的变化将促进组织形态和管理模式的变革创新。

(二)元宇宙对企业市场营销的变革

当一种新的技术在商业中得到应用,可能会令企业的市场营销模式产生巨变。例如,企业需要元宇宙时代新的营销人员。随着元宇宙概念的普及,不少追求创新的企业在营销方面开始跃跃欲试。例如,很多品牌尝试推出定制虚拟形象,通过虚拟主播带货、虚拟代言人等方式与消费者互动,以此增强商家和用户之间的信息传递。数字人并不是新概念,但过去的数字人并没有社会性,而元宇宙时代的数字营销人将有强社交属性、真实性、故事感和完整的人格特点。

在元宇宙时代,企业的产品不仅仅存在于线下,更是以虚拟产品的方式存在于线上。如何开发适合潜在客户的数字产品和数字服务将是企业在元宇宙时代需要创新的方向。

元宇宙时代企业需要考虑如何在现实世界和虚拟世界构建营销渠道。企业首先需要考虑如何在虚拟世界中去接触消费者的"化身",通过沉浸式体验的方式影响消费者的看法,从而促进消费者在虚拟世界或者现实世界作出消费决策。企业在虚拟世界的直销渠道建设将至关重要。

元宇宙时代的企业在促销方式方面也发生了很大的变化。一方面,企业的广告将在虚拟世界中找到更多精准植入的机会,提供互动和沉浸式体验是元宇宙广告的关键,品牌虚拟形象与目标客户可以在虚拟世界有全面、立体的互动。另一方面,企业可以在元宇宙中根据活动性质和需求去租赁虚拟活动场所举办更有创意的活动,使得目标客户与品牌可以充分互动,这不仅会吸引经验丰富的元宇宙用户,还会吸引渴望体验虚拟世界的新用户。当然,企业也可以在元宇宙中建立自己的虚拟场所或虚拟商店,这将会提升企业在元宇宙中的形象。

元宇宙时代的企业产品定价将取决于区块链上的规则。元宇宙中的交易都使用区块链中的虚拟货币进行,后者不可被发行方或者是第三方篡改,进而能保证交易的透明度。

(三)元宇宙对企业客户服务的变革

在元宇宙时代,由于用户可以在虚拟世界中获得更丰富的消费交易场景以及更加精确且个性化的交互式沉浸式体验,客户服务将突出无处不在的沉浸式服务的特点。

例如,在酒店业,客人可以以"化身"的方式直接抵达虚拟世界中的酒店,并与在虚拟前台与虚拟数字员工进行交流,并在区块链加密技术的帮助下,便利地验证身份并实时完成房间的选择和预订。酒店能否基于VR/AR技术为感兴趣的客人提供"身临其境""无微不至""令人舒适"和"实时互动"的互动服务将是关键。客人可以到酒店的虚拟餐厅,先沉浸式体验酒店的餐饮服务并到数字厨房向数字大厨了解时令菜肴,然后到线下真实世界进行消费。当然,酒店的线下服务将不太可能被元宇宙的数字服务所取代,但在元宇宙中的数字服务将为旅行带来非凡的体验。

三、元宇宙的经典应用案例

教育界是较早出现元宇宙概念的行业之一。2020年,受新冠肺炎疫情影响,美国各大学的毕业典礼无法正常举行。加州大学伯克利分校的学生们想了个办法,在沙盒游戏"我的世界"里举行"二次元"毕业典礼。

"我的世界"是一款高自由度的沙盒式建造游戏,就像数码版的乐高玩具,游戏参与者可以创造性地建造世界。由学生自发形成的上百人团队,短短几周内在游戏里建造起了加州大学伯克利分校的整个校园。学生和家长都可以注册账号,在游戏中的礼堂里参与毕业典礼,拿到毕业证书,扔毕业帽,再来个长达两天的音乐节狂欢。

当地时间5月16日下午,加州大学伯克利分校的虚拟毕业典礼开始。毕业典礼遵循了伯克利分校的传统,向学生发放证书、校长讲话、受邀嘉宾讲话、学生在典礼结束之时向空中抛出毕业礼服和帽子等环节俱全。毕业典礼之后,他们还组织了一个为期两天的在线音乐节,包括国际知名DJ等在内的至少40多名表演者参与了表演。

中国酒店业也在积极探索元宇宙战略。2022年6月,中国某民族酒店品牌在某元宇宙中拿下了一座大型虚拟建筑物,整个建筑物依山傍水,风光秀丽,造型独特。该酒店品牌的元宇宙总体战略包括三步。首先完成元宇宙虚拟酒店的开设,实现可视化的操作体验;其次是把现实世界中的会员体系、酒旅产品、酒店服务等映射到元宇宙虚拟酒店中;最后是打通现实世界与虚拟世界的双向交互,开创虚实共生、多元体验的新纪元。

元宇宙在酒店业的应用

 主要术语

1. 元宇宙(Metaverse):元宇宙是下一代互联网,包括虚拟世界和现实世界,是一个在现实世界基础上永久共生的一个实时虚拟空间。现实世界和虚拟世界相互融合,成为一个具有互操作性的生态。

2. 化身(Avatar):指用户在元宇宙的身份映射和虚拟替身,具备形象自定义、动作驱动等功能。

3. 数字人(Digital Human/Meta Human):指运用数字技术创造出来的、与人类形象接近的数字化人物形象。

4. Web1.0:指第一代互联网,用户通过互联网访问网站,获取信息,但用户在网上只能读而不能写,没有办法参与内容创造。

5. Web2.0:是交互式互联网,主要应用就是社交网络和电商,人们可以在网上自由地创造内容,但这些由用户创造内容却归相关的平台所有,内容创造者的权益无法得到保障。

6. Web3.0:指利用区块链技术发展起来的新型去中心化网络。在Web3.0上,由于区块链的去中心化属性,用户所创造的数字内容,所有权和控制权都归属于用户,用户所创造的价值可以由用户自主选择与他人签订协议进行分配。

7. NFT:全称为Non-Fungible Token,指非同质化通行证,是一种可信的数字权利证书,实质是区块链网络里具有唯一性特点的可信数字权益凭证,是一种可在区块链上记录和处理多维、复杂属性的数据对象。

8. 数字孪生(Digital Twin)：也被称为数字映射、数字镜像。指充分利用物理模型、传感器更新、运行历史等数据，集成多学科、多物理量、多尺度、多概率的仿真过程，在虚拟空间中完成映射，从而反映相对应的实体装备的全生命周期过程。数字孪生是一种超越现实的概念，可以被视为一个或多个重要的、彼此依赖的装备系统的数字映射系统。简单来说，数字孪生就是在一个设备或系统的基础上，创造一个数字版的"克隆体"。

9. 第二人生(Second Life,SL)：是一个基于互联网的虚拟世界，它是一个由Linden实验室开发的一个可下载的客户端程序。用户，在游戏里被叫作"居民"，可以通过可运动的虚拟化身互相交互。这套程序还在元宇宙的基础上提供了一个高层次的社交网络服务。

10. 脑机接口(Brain-Computer Interface,BCI)：作为一种涉及神经科学、信号检测、信号处理、模式识别等多学科的交叉技术，它是一种连接大脑和外部设备的实时通信系统。BCI系统可以把大脑发出的信息直接转换成能够驱动外部设备的命令，并代替人的肢体或语言器官实现人与外界的交流以及对外部环境的控制。换言之，BCI系统可以代替正常外围神经和肌肉组织，实现人与计算机之间或人与外部环境之间的通信。

任务小结

元宇宙需要使用人机交互技术、区块链和数字凭证技术(NFT)、人工智能技术、云计算和网络技术、物联网技术和数字孪生技术。元宇宙的特点有身份性、社交性、沉浸感、持续性、可创造性、经济属性、可连接性。元宇宙本身不是技术，而是一个理念和概念，它整合不同的新技术，例如Web 3.0、区块链、NFT、5G、数字孪生、云计算、拓展现实、脑机接口、人工智能和XR设备等，从而形成虚实相融的互联网应用与社会新形态。

元宇宙使得人类实现"数字化生存"的梦想不再遥不可及，虚拟世界有可能成为人们与现实世界一样丰富多彩的生活场所。对于企业管理来说，元宇宙将令企业生产、沟通和协作产生变革，并促进组织形态和管理模式的变革创新，具体表现在企业的管理模式也必须在现实世界和虚拟世界中同步，数字员工将在元宇宙时代大量涌现。在营销上，元宇宙将令企业的产品、渠道、促销和定价都发生变革。企业的产品不仅仅存在于线下，更是以虚拟产品的方式存在于线上。企业需要考虑在现实世界和虚拟世界构建营销渠道。企业的广告和活动将在元宇宙中找到更多精准植入的机会和更有创意的实施方法。元宇宙时代的企业产品定价将取决于区块链上的规则。客户服务的特点将是沉浸式服务无处不在。

一、自测题

1. 元宇宙是新技术吗？元宇宙的概念是什么？
2. 元宇宙的建立和运行需要集成哪些技术？
3. 元宇宙的特点有哪些？

二、讨论题

1. 元宇宙时代的企业在促销方式上有什么变化？
2. 元宇宙的数字服务将会对酒店的线下服务带来哪些影响？

三、实践题

以小组为单位，为当地某品牌酒店设计一个基于 VR/AR 技术的"身临其境"的互动服务。

项目三
了解酒店客户体验数字化运营应用场景

 项目概述

  本项目是"酒店数字化运营概论"课程中的第三个项目,在学生通过项目一与项目二对酒店数字化运营有基础框架性认知以及了解影响酒店数字化运营的关键技术后,需要进一步学习数字化技术在酒店客户体验数字化运营中的具体应用场景。在项目三中我们将学习三个任务,它们分别介绍了酒店客户的住前、住中以及住后流程中的相关支撑性理论,包括关键时刻、客户接触点等。以及数字化技术在其中的具体应用场景,包括住前阶段的个性化推荐及搜索、在线选房、AI智能电话管家;住中阶段的数字化智能防疫、数字化触点问卷、智能机器人;住后阶段的在线点评管理系统、数字化离店问卷、线上社群运营。通过本项目的学习,学生将总体上掌握构建酒店数字化运营的思维,打牢酒店数字化运营的基本功。

 项目目标

知识目标
1. 掌握酒店客户体验数字化运营的基础理论。
2. 了解酒店客户体验数字化运营的当前背景。
3. 熟悉酒店客户体验数字化运营的应用场景。

能力目标
1. 能够在实践层面基本应用客户体验数字化运营的基础理论。
2. 能够对酒店的各类客户体验数字化运营情况做出评价。
3. 具有使用酒店客户体验数字化运营工具的能力。

素养目标
1. 推进酒店类产业的数字化应用与发展。
2. 培养酒店客户体验数字化运营的思维。

项目三 了解酒店客户体验数字化运营应用场景

知识导图

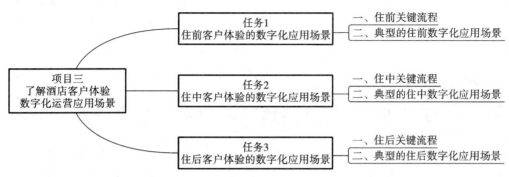

重点难点

重点:掌握酒店客户体验数字化运营的基础支撑性理论。
难点:理解酒店客户体验数字化运营的应用场景及方法。

案例导入

某酒店集团设置了一个数字化变革小组,负责研究在酒店客户消费的全过程中如何为客户带来更好的数字化体验。该小组对客户决定旅行的那一刻之后的行程进行深入的研究,包括选择酒店、预订房间、酒店住宿、结束住宿后与朋友分享经历等多个不同阶段。数字化变革小组拟定了一个横跨数年的计划,以加强客户的数字体验。在住前体验环节,为了给予客户个性化消费体验,该集团在微信和支付宝平台上搭建酒店官方直销小程序,根据用户标签特征,个性化推荐不同商品,提高营销活动的转化率。用户无须下拉、搜索等操作,可在平台首页通过小程序快速获取符合自己喜好的订房、开票、附近游玩等信息。

为了在有效满足客户快速入住需求的同时实现酒店运营流程的优化和人力资源的高效配置,集团致力于在成员酒店打造快捷、安全、高品质的酒店入住服务。该集团开发了一个被称为"一键入住"的系统,作为集团建设"数字酒店"的核心应用场景,赋能集团酒店数字化转型,积极引领酒店行业的数字化创新。

陈先生是个商旅达人,频繁的出差行程,让他穿梭于全国各大城市。可每当他拖着大包小箱,却还要经历"层层关卡"——选择房间、到达酒店、扫描健康码、出示行程卡、排队办理入住、刷身份证、人脸验证……这让原本就身心俱疲的陈先生,往往情绪焦虑。不久前,他选择入住该集团旗下一家酒店,在预订房间时发现,平台好像他肚子里的"蛔虫"一样,推荐的房型都是他心里想的,且能够在线上预选房间所处位置,甚至还能通过AR技术查看房间内的设施及布局。在出行当天,酒店还特地打电话问候及温馨提示当地的防疫政策及出行天气。不仅如此,他在办理入住时惊讶地发现，不到一分钟，前台就帮他办完入住手续并送上房卡，旁边还有前厅员工贴心递上一杯茶。这种愉悦体验背后，就是由"数字化应用"为客户提供的便捷化、品质化入住服务。

任务1　住前客户体验的数字化应用场景

一、住前关键流程

酒店服务的关键流程主要分为住前、住中以及住后三个大阶段。从客户的视角来看，从进店到离店的一系列体验过程犹如一段旅程。这段旅程中的每一个环节都存在无数的服务触点，客户体验产生于客户在这些触点与酒店的交互过程。酒店则通过触点向客户传递自己的服务及理念。那么，什么是触点呢？客户接触点（简称触点）是客户和服务发生互动的关键时刻（Moment of Truth，MOT），即消费者购物决策的整个过程中影响消费者决策和推荐的关键时刻，也是酒店与客户产生连接、提升客户满意度、促进下一次购买行为的机会。MOT理论实际上是帮助企业研究和梳理每一个关键时刻的触点，对这些触点的服务体验和流程进行精心设计和持续改进，以建立最为合适的全触点营销策略。

在住前阶段，酒店与客户之间的住前触点分布在客户感知—搜索—购买三个阶段。在感知阶段，客户主要会经历线下/线上广告（如朋友圈广告）的刺激、用户生成内容网站（如小红书）的内容推送以及社交媒体（如微博）的第三方消费者或家人朋友推荐等一系列数字化触点；在搜索阶段，客户与在线旅行代理商（如携程）、搜索引擎（如百度）、官方网站等渠道端接触；进入预订阶段，客户的触点发生在微信小程序、官方网站、在线旅行代理商（如携程）等。可以看出，这些时刻中的大多数触点都在线上，在这种仅凭网络而非现实的交互中，如何通过新兴的数字化应用来提升酒店客户的住前旅程体验呢？基于此，本任务我们聚焦客户的住前体验环节，思考如何借助数字化应用来优化酒店住客体验。

二、典型的住前数字化应用场景

（一）个性化推荐及搜索

经济的发展及消费环境的变革使得如今的消费者不再满足于标准化服务，其消费需求愈来愈多元化和个性化，期待酒店带给他们的是有专属标识、充满个性化的消费体验。在此背景下，电子商务企业最先开始利用大量的消费者行为数据向客户提供个性化推荐，改善客户的购物体验，进而提升网站的交易额和利润。目前，绝大多数的网络平台，例如国外的亚马逊、Netflix等，国内的淘宝、抖音等，均在为其客户提供个性化推荐服务。顺应行业发展之势，酒店行业基于互联网信息技术下的个性化推荐及搜索技术，为客户在住前阶段的消费决策引导上进行优化，给客户带来更好消费体验的同时，也推动了收入的提升。

个性化推荐就是人们常常说的"千人千面"，系统根据收集的已知客户信息，利用信息过滤和算法，为客户推荐符合其当前兴趣的产品、内容和信息。它是建立在消费者行为数据挖掘基础上的一种高级商务智能，能够为每个客户提供个性化的信息服务和决策支持。它有效地提高了客户搜索及选择效率，为其带来了良好的消费体验。该技术能够帮助酒店管理者更全面地了解消费者行为，挖掘消费者行为数据中隐藏的商业机会，进而针对性地瞄准需求点及时采取措施，让营销推广手段与客户特征更加契合，实现客户体验的高度个性化。

个性化推荐是建立在数据挖掘基础上的，在酒店的实际场景的落地应用上主要体现在两方面，一是客户主动搜索时的个性化信息呈现，二是企业主动推送营销信息时的个性化精准推送。

搜索场景的个性化推荐在各大OTA平台应用得比较普遍。OTA作为旅游行业的综合性服务平台，为客户入住酒店提供了丰富多元的选择。客户可以在OTA平台快速获取各类酒店信息，并从价格、服务、评论等多个维度对酒店产品进行对比。基于这些功能，OTA平台赢得了大量客户的认可与支持。在海量的信息中，客户的决策链条势必会拉长。借助智能算法技术，当客户在OTA平台主动搜索时，网站基于其历史预订信息，诸如消费价格、偏好品牌、出行类型等数据，优先展示符合其偏好的商品条目，避免客户面临信息过载局面，提升客户的决策效率，从而实现OTA平台与相关企业的收益最大化，具体有两个方面的操作：

一方面，OTA以平台方的身份对酒店的客房、餐饮、增值服务等费用进行规范，让酒店进一步让利客户。

另一方面，OTA平台会不定期推出各种营销活动，以平台红包、代金券的形式补贴客户，为客户降低入住成本。

在这个背景下，酒店的盈利空间确实受到一定程度的挤压，越来越多的酒店开始自拓渠道，沉淀客户。集团整合多来源客户数据，借助数据让营销发挥更大价值：一方面CRM系统中存储着诸如性别、年龄、在店消费等客户基本属性及订单数据；另一方面通过触点问卷的方式收集客户在店的行为偏好数据，通过打标签的方式为客户刻画更清晰完整的客户画像。基于这些数据进行客户分群，制定符合目标客群的营销方案，诸如沉睡客户的激活，特定客群的产品促销组合方案，实现精准的个性化信息推送，提升营销转化效率。

(二)在线预订与在线选房

随着互联网技术的迅速发展以及中国网民基数的不断扩大,使用互联网终端(如电脑、手机)预先订购旅游住宿产品的人们越来越多。随之而来的是各种网络预订平台的兴起,网络预订即在线预订,是指"旅游消费者通过网络向旅游服务提供商预订旅游产品或服务,并通过网上支付或者线下付费,即各旅游主体可以通过网络进行产品营销或产品销售"。网络预订商业模式极大地颠覆了以往传统旅宿产品的销售模式。例如,传统时代的客户是到旅行社在线下的实体店中,在众多住宿项目中仅凭个人"直觉"预订自己所喜好的酒店,由于缺乏足够的参考依据,整体的消费旅程烦琐且体验较差。而在各种在线预订网站中,客户可以在众多酒店中根据酒店评分、酒店图片、酒店视频、个人偏好及预算等信息筛选出合适的几家酒店,参考在线点评板块中其他消费者的评论信息以辅助做出最佳的预订决策。这样一来,客户的决策成本、决策风险大幅度降低,消费体验也随之提升。根据中国互联网络信息中心的数据,截至 2021 年 6 月,中国在线旅行预订用户规模达 3.67 亿。这足以表明在线预订的巨大影响力。

很多酒店集团开始推出在线选房服务。在推出这个服务之前,客户在预订酒店阶段,在下达预订订单时通常只能预选房型,而无法选择具体哪一间客房,最终的房号通常是由酒店根据当天客房分配情况安排的。酒店的客房属于体验型产品,不像手机等搜索型产品,只要有了产品属性、参数等就能够对产品有大概的认知,体验品是客户要亲身经历过后才能够对产品有所认知,对产品做出评价。因此,只有图片和文字介绍的线上客房不能完全打消客户的顾虑,他们仍担心被网络图片所欺骗。但当前市场竞争激烈,客户选择越来越多样化,越来越多的客户倾向于"确定性"的体验。伴随互联网技术的发展,"在线选房"技术愈发被酒店业所重视。

当前行业中已有一些酒店将 PMS 与微信的后台直接相连,以方便客户利用微信进行在线选房。客户通过点击服务菜单上的订房按键,进入订房页面后会显示酒店的楼层和客房布局——房间在几楼、是否位于拐角处、是否靠近电梯、是否临街等,而且想住在一起的亲朋好友可以自行选择相近的房间,随后通过微信支付便能够实现在线选房。携程则在线选房功能中上架虚拟现实(VR)技术打造的 VR360°全景影像,不仅能够使客户提前了解酒店的室内外分布及相关设施,选择心仪的楼层;更有室内实景 VR 效果展示,它有房间正中、窗户边、浴室等若干个 VR 视角点,客户进入一个视角点,便能开启"上帝视角",转动手机,身临其境地 360°转动查看,对客房的全貌和细节一目了然,再也不用担心被网络照片所欺骗,既能让客户身临其境地了解室内设施,满足其个性化需求,从而打消其顾虑、提升其消费体验。

(三)AI 语音智能

随着国内人口素质的逐年提升,劳动力成本的提高,企业对客服中心降本增效的需求日益激烈。在供给端，基于传统形式的客服座席工作强度高、机械性重复多、耗时费力，在工作效率低下的同时，也导致了人员流失率高，进一步加大了企业客服中心运营管理难度。在需求端，随着消费主权时代的到来，消费者对产品及服务有着更高的要求。一方面，消费者追求定制化的消费体验，全链条全渠道的产品服务是提升消费体验的关键因素；另一方面，客服咨询的响应速度也是影响消费者满意度的核心指标，因此直接影响消费者的留存率和转化率。基于此，在大数据、云计算、人工智能等新一代智能技术赋能下，基于自然语言交互技术的AI智能外呼机器人应运而生并得到广泛运用。相比人工客服，AI智能客服能够大幅度降低人力运营成本、提升服务响应效率、提升服务质量以及提升销售转化率。《2021年中国智能客服市场报告》指出，AI智能客服的核心价值主要体现在提升客户体验、企业降本增效、提升企业品牌差异化，其中提升客户体验是被企业提及最多的价值，也是企业采用智能客服最重要的推动因素。

目前，AI智能客服应用边界拓宽至金融、售后、营销、销售及客服等诸多场景，为企业提供精准营销服务。

AI语音智能酒店住前体验环节主要有两个场景应用：智能营销和到店信息确认。酒店为服务体验型产品，无法预先评估其属性，客人对于酒店产品的决策周期往往比其他产品更长。在信息爆炸的时代，采用传统的短信营销方式，营销转化效率极低，借助AI语音外呼的技术，主动通过语音向客人介绍营销信息引导其打开短信或微信推送内容，能够很大程度地提升营销转化效率。在到店信息确认这一环节，由于酒店的客房库存是实时变化的，若客房库存在当天因退款等事宜而导致积攒，那么该客房当天的收益则为亏损状态。为此，利用AI语音外呼与客人提前确认到店时间，同时为客人提供出行的温馨提示和问候关怀（如提示当天出行天气等），不但可以避免出现退单空房的窘境，还能很大程度上提升客人的好感度。

主要术语

1. 用户接触点：用户接触点主要存在于服务提供者和服务接受者，两者之间通过服务、环境、沟通、产品等要素在交互过程中的触点。

2. 关键时刻：任何时候，当一名顾客与一项商业的任何一个层面发生联系，无论多么微小，都是一个形成印象的机会。

3. 个性化推荐：就是人们常常说的"千人千面"，系统根据收集的已知用户信息，利用信息过滤和算法，为用户推荐符合其当前兴趣的产品、内容和信息。

4. 在线预订：旅游消费者通过网络向旅游服务提供商预订旅游产品或服务，并通过网上支付或者线下付费，表示各旅游主体通过网络进行产品营销或产品销售。

酒店数字化运营概论

5.智能客服:智能客服是在大规模知识处理基础上发展起来的一项面向行业应用的新技术,它是大规模知识处理技术、自然语言理解技术、知识管理技术、自动问答系统、推理技术等的集成。它为企业与海量用户之间的沟通建立了一种基于自然语言的快捷有效的技术手段。

任务小结 酒店服务的关键流程分为住前、住中以及住后三个大阶段。在住前阶段,酒店与顾客之间的接触点分布在顾客感知、搜索、购买三个阶段;客户体验的数字化应用场景有个性化推荐及搜索、在线预订、在线选房、AI语音智能管家。

 训练题

一、自测题

1.什么是数字化营销?

2.关键时刻(MOT)有什么作用?

3.什么是个性化推荐及搜索?

4.什么是用户接触点?

5.关键时刻与用户接触点之间是什么关系?

6.请列举人工智能在酒店运营与营销当中的应用场景(不少于3个)。

二、讨论题

1.请讨论一下基于数字化技术下的酒店运营应用场景(至少列举3个,不得与书中内容重复)。

2.针对个性化推荐及搜索的特点,讨论一下它在日常生活中有哪些应用案例。

三、实践题

1.对数字技术在酒店日常运营和管理中的应用场景进行调研,并写一个调研报告,在课堂上进行小组演示。

2.对数字技术在酒店市场营销中的应用进行调研,并写一个调研报告,在课堂上进行小组演示。

3.对数字技术在酒店客户服务中的应用进行调研,并写一个调研报告,在课堂上进行小组演示。

任务 2　住中客户体验的数字化应用场景

一、住中关键流程

前文提到，酒店服务的关键流程主要分为住前、住中以及住后三个大阶段。在住中阶段，客户会经历停车、抵达大堂、走到前台、办理入住、进入房间、使用设施等大量会产生实体接触的场景，而这些场景的主要特征是生产与消费同时产生。换句话说，客户在住中旅程中消费的大部分都是无形产品。那么，如何让客户感知到无形产品的"好"呢？

Forrester 的研究发现，客户体验指数（CX Index™）每上涨 1 分，仅仅在住中阶段就能为酒店带来客户人均年度消费额 6.51 美元（1 美元≈6.9 人民币）的增长。这个数字看似不大，但对于一家拥有 1000 万客户的品牌酒店来说，就意味着每年 6510 万美元的额外收入。因此，在这些客户旅程中，每个触点的体验优化都有着至关重要的意义。智能化与数字化技术的时代浪潮，给各行各业都带来了巨大变革，酒店业也不例外。

国内某知名酒店将酒店与客户交互的住中流程划分为 7 个节点，在每个节点中致力于将酒店客户的"需求数字化""任务分配数字化""操作人员数字化"，通过监测 7 个节点的体验得分情况，对服务进一步细化和优化，并且在每个节点上加入满足客户个性化需求的内容，为客户提供区别于同类酒店的特色服务，以此让他们感受到超出预期的住中体验，同时代替酒店标准化服务内容，重构酒店服务流程，减少员工大量的重复式、流水线式工作，极大地提升了服务效率，最终形成数字流，实现整个住中服务全数字化闭环流程，这也是该品牌酒店受到追捧的主要原因。

数字化应用可以帮助我们透过客户视角，关注酒店与客户交互的全过程，了解过程中的每一个关键场景、触点和端到端的体验，全面地掌握客户体验现状，厘清自己的优势和短板。基于此，本任务我们聚焦客户的住中体验环节，来探究如何通过数字化应用来优化酒店住中流程的客户体验。

二、典型的住中数字化应用场景

（一）数字化智能防疫

酒店行业如何在守住防疫安全、"健康的红线"的同时寻求更大竞争力已然成为酒店行业的常态化议题。大数据、物联网、人工智能、云计算等数字技术的飞快增速，为酒店的疫情监测分析、病毒细菌溯源、防控救治、资源调配等方面的工作提供了强大支撑作用,成为新一代技术保障。然而,对于客户来说,在常态化疫情防控环境下的出行变得更加复杂,仅在酒店办理入住的流程就有扫描健康码、登记个人防疫信息、排队等待、出示行程卡及 48 小时核酸阴性证明、提供身份证、人脸验证等诸多环节,让客户情绪焦虑的同时严重降低了客户的消费体验。

为打破该闭环"痛点",许多酒店纷纷借助"数智化"手段打通了酒店系统与城市开放服务系统的对接。尤其是集成酒店入住、公安登记、防疫健康状态核验等多场景数据需求,打造数据集成中心,让客户在入住过程中"一键"便能实现无接触登记、入住、消费等流程。简单来说,就是将酒店、公安、防疫等客户入住涉及的企业及政府公共服务部门的系统全线打通,并进一步提升系统之间的对接效率,从空间与时间层面,减少客户与外界的接触并提升客户体验的流畅性,实现了客户的安全防疫和住宿良好体验之间的平衡。对于客户来说,在手机端即可在线核验入住人身份信息、防疫健康信息、获取房间信息、同步酒店后台人脸信息,无须在入住中办理一系列冗长的流程,可直接前往对应酒店客房刷脸入住,从而获得全程无感、精准、舒适的入住体验。

(二)数字化触点问卷

人们对于客户体验的探索是从客户满意度(Customer Satisfaction Research,CSR)、客户价值管理(Customer Value Management,CVM)开始的,最早可以追溯到 20 世纪 90 年代,但基本上是通过电话、邮件等形式开展调研的,再通过纸质报告的形式来陈述。这种传统的执行方案不仅效率较低、调研价格高,而且执行周期长,从数据到报告往往需要几周甚至月余。所以,获得的数据也多用于作事后决策依据,有一定的时间滞后性,难以对当下的运营方针做出指导和优化。

伴随数字化浪潮的席卷,客户需求与企业生产也在发生一系列变化:

(1)技术的升级和竞争的加剧导致客户的行为和需求变化越来越快;

(2)产品生命周期越来越短,市场更迭越来越快,留给企业做决策的空间越来越少;

(3)流量成本攀升,获客成本持续走高,留住客户成为最好的成本管控手段;

(4)体验经济的盛行,让客户越来越关注整体体验,而非单一卖点(如价格低、质量好、品牌响等)。

任何一个环节的不满都会造成客户流失,甚至转向竞争对手。在"产品花样泛滥"的酒店市场环境下,消费者几乎已经能够"买得到"所有产品和服务,酒店市场存在严重的同质化现象,大量涌现的新鲜产品形式都在抢占客户的眼球和时间。在这种充分竞争的大环境下,许多酒店无奈地陷入初级竞争中:拼价格、做促销、玩营销等,直接导致成本不断上升、利润不断下降,陷入恶性循环中,难以持续发展。

面对瞬息万变的客户需求与竞争激烈的市场环境,一边是原有的方案难以实现实时传达,一边是持续且实时的采集体验已经成为优化与调整的前提,提升体验管理实时性势在必行。基于此,酒店企业利用数字化的特性及优势将初级竞争,升级为"体验优先"的价值竞争,除了满足客户对产品服务的需求以外,更注重满足客户心理层面的诉求,想方设法为客户提供差异化体验,让客户从"买得到"变成"买得爽",以获得自身品牌相较其他竞品的"品牌价值溢出优势",获得更持续长久的竞争力。

目前,一些酒店集团通过数字化技术对"传统"的客户调研方式(如纸质问卷调研、人工电话回访等)进行升级迭代,采用围绕客户旅程,能够在发生体验的第一时间回收客户真实反馈的数字化问卷进行调研。

从服务视角出发,首先,基于二维码、短信、公众号等多个数字化渠道收集反馈,使问卷的触达范围更广。其次,将冗长的问题打散,调研的情境细致化,客户感受还原度更高。这样一来,回收回来的问卷反馈不是简单的满意或是不满意,而是能成为下一步改善体验的抓手。再者,通过与企业 CRM、PMS 等系统实现对接,对客户进行分群,针对不同客户类型发放不同问题,例如根据性别、细分市场类别、会员/非会员身份、入住次数等数据,使问卷更有针对性及精细化,能提升客户答题体验及问卷回收率。不仅如此,系统可以根据答卷,将服务体验类标签贴到客户身上。例如,系统通过答卷发现某些客户特别在意卫生,则能够自动贴上"卫生敏感度高"这样的标签,在客户下次入住时,提醒员工特别关注卫生问题并为其提供一次性浴缸套、酒精消毒套装等物品,进一步提升客户体验感。最后,基于客户在酒店入住的实际体验场景隐性地植入问卷,在客户进入场景后自动触发,进一步提升客户答卷意愿及问卷回收率。例如,在客户进入房间 10 分钟后,通过手机订房 App、智能音响、电视或二维码等自动下发满意度问卷,了解客户进店入住等环节的体验感受。这种方式实现了对客户体验反馈的实时收集,一旦发现用户的负面情绪,系统将第一时间预警,酒店有机会在客户离店前进行服务补救,有效避免差评的发生。

从营销视角出发,收集用户数据,绘制用户标签,将这些标签聚合之后,系统可以绘制出某酒店、酒店集团旗下某品牌的用户画像,可以为服务产品设计、新品牌设计等提供强有力的数据支撑。值得注意的是,这些标签实际上不仅刻画出了用户的服务需求,还能够体现用户对酒店的满意度情况,这类能反映用户态度的标签和用户的身份属性、购买行为等标签结合之后,能够输出更准确的预测模型,提高转化效率,支持前端精准营销。场景化问卷还能够与集团直销运营体系深度匹配,通过卡券、积分、抽奖等互动方式,提升会员黏性及答题意愿。

(三)智能机器人

随着我国数字经济飞速发展,消费者对于更高服务水准、更高科技化的酒店入住体验需求越来越强烈。传统酒店已逐渐不能满足人们日渐提高的消费要求。机器人与新一代信息技术、人工智能、云计算、物联网、新材料等新技术实现了更广泛、更深入的融合,机器人产业正向智能化、网络化、数字化方向快速迈进。机器人与实体经济的有机结合将是一种新的市场模式。

配送服务机器人作为酒店服务硬件，承担了酒店中大部分物品的配送任务，其角色已从"非标准品"变为"标配"。住客开始将配送机器人作为一个机器人服务员来看待，这就要求产品除了具备基本的配送功能以外，还需要拥有多元化的服务组合矩阵。酒店是否配备机器人已经成为其是否可以在商旅住宿市场中脱颖而出的关键性因素之一。

传统酒店数字化转型的热潮下，机器人赋予了酒店更加精细化的运营，给予客户全新的入住体验，树立了良好的品牌印象与品牌口碑。具体而言，机器人在具备零接触、智能化、与酒店各消费服务场景深度融合、减少酒店人力成本特点的同时，实现了高效服务。它们通常被视为"超级员工"，在多场景下可提供零售、送物、引领、讲解、导航、巡游等各项服务，还可承担深夜安保等职责，减少了90%的问询、送物等重复工作量，在人力成本控制、引领消费等方面起到积极作用。此外，AI机器人还能够与AI智能电话关联实现"智能化互联"。在客户通过AI智能电话提出一些需求、咨询等后，由AI机器人提供全天候的响应及服务。不仅降低了人力成本，加速了服务效率，还极大程度上对客户的消费体验有显著的积极影响。

除了在酒店运营层面具有建设性作用，AI机器人还能够应用到酒店的营销层面。它们能够通过采集客户的消费频次、消费种类、消费时间等数据进行后端处理来分析客户行为，赋能酒店精细化运营，以便更全面地帮助酒店提升服务管理水平，优化客户体验，进而综合地打造智慧酒店的增长飞轮。此外，对于一些特殊客群（如亲子客群），AI机器人自带的事物新奇性还能够引发客户兴趣、关注与口碑分享，引发口碑裂变营销效果，为酒店带来一定潜在流量。

主要术语

1. 数字化智能防疫：集成连通酒店入住、公安登记、防疫健康状态核验等数据需求，打造数据集成中心，让旅客在入住过程中"一键"便能同步实现无接触登记、入住、消费等。

2. 数字化触点问卷：围绕客户旅程，能够在发生体验的第一时间回收顾客真实反馈的场景化问卷。

在住中阶段，客人会经历停车、抵达大堂、走到前台、办理入住、进入房间、使用设施等大量会产生实体接触的场景，而这些场景的主要特征是生产与消费同时产生。典型的住中数字化应用场景有数字化智能防疫、数字化触点问卷和智能机器人服务。

训练题

一、自测题

1. 什么是用户旅程地图?
2. 什么是用户体验图?
3. 什么是用户画像?
4. 客户标签与用户画像之间是什么关系?
5. 客户调研的方法有哪几种(至少说出3种)?
6. 什么是客户价值管理?

二、讨论题

1. 请讨论在数字化技术的赋能下,客户需求与企业生产发生了什么变化。
2. 请讨论数字化问卷在酒店运营及营销场景下的应用价值。

三、实践题

1. 对数字化技术在酒店客户旅程地图中的应用进行调研,并写一个调研报告,在课堂上进行小组演示。

2. 对数字化技术普及的背景下,酒店Z世代消费者的需求及偏好进行调研,并写一个调研报告,在课堂上进行小组演示。

3. 对数字化技术在酒店业未来的发展趋势进行调研及总结,并写一个调研报告,在课堂上进行小组演示。

任务3 住后客户体验的数字化应用场景

一、住后关键流程

客户离店,是否意味着在酒店的旅程和体验的结束?从客户体验管理的定义来看:客户体验管理以提高客户整体体验为出发点,注重在与客户的每一次接触中的能满足或激起客户心理及感官期望的机会,通过协调整合售前、售中和售后等各个阶段,各种客户接触点或接触渠道,有目的地、无缝隙地为客户传递目标信息,创造匹配品牌承诺的正面感觉,以实现良性互动。事实上,传统酒店客户的住后旅程囊括了结账退房(Check Out)、查房、退押金、开发票等一系列流程。而在数字化时代,通过数字化手段能够进一步延续客户的体验记忆,为传统的客户住后旅程增添了如点评、分享、裂变、复购等流程。通过数字化手段能够通过老客户影响更多潜在客户,实现1+1大于2的营销效果。

在"数据赋能"的时代,对于酒店从业人员而言,如何结合线下与线上各自的特性来打造良好的客户住后体验成为一项议题。以近些年的某优秀网红酒店来说,他们将客户在酒店的住后旅程拆解为五个关键节点,分别为:客户离店的那一刻;离店之后,客户点评的那一刻;客户第二次想起酒店的那一刻;客户要跟朋友推广和介绍那一刻;还有客户第二次再预订的那一刻。你发现了吗?该酒店将诸多流程的离店环节合并为一个节点。这是因为酒店从客户反馈的数据中发现,客户在离店流程中经常会因为排队办理退房、等待查房、验收押金退款等而产生大量不满。因此,其通过数字技术手段打通与信用机构数据平台的互联通道,获取如支付宝信用、信用卡记录等能够证明客户信用的数据来判断该客户的风险程度,从而让一系列繁杂的离店流程"一键化""无感化",大幅度提升了客户的离店体验,因此广受客户好评。

二、典型的住后数字化应用场景

(一)在线点评管理系统

由于网络消费环境的信息不对等性、信息负载性和风险性等一系列原生问题,消费者需要极大程度上依赖大量亲友推荐、前消费者的评价等来辅助做出相关决策。基于酒店产品的不可预知性,酒店与客户间的信息不对称被进一步放大,客户所承担的产品风险程度较高。基于关系同质性,客户对于其他客户在线点评的信任程度是企业宣传广告和营销人员的信任程度的 12 倍,近 90% 的客户在做出预订决策前查看在线点评,后者直接影响酒店客户的决策过程。在线点评在酒店产业链生态中的角色和地位越来越重要。以下几组数据进一步表明了点评对于酒店乃至各行各业的重要性:

(1)酒店的评论评级上升 1% 会使每间客房的销售额增加约 2.6%。

(2)在 OTA 平台(如携程)中,点评分 4.5 分以上的酒店占据了平台 72% 的流量。

(3)酒店点评分与转化率相关系数高达 95%,点评分越高进入酒店页面的客户越容易下单。

(4)当酒店无点评或点评量低于 50 条时,订单转化率会比同行业平均水平低 80%。

因此,许多企业也意识到,在"客户存量"的时代下,点评无疑是企业可持续发展的核心竞争力之一。

智能大数据时代下,点评数据体量的膨胀化以及形式的多样化使得传统的靠人工来分析点评的方法不再适用,取而代之的是结合了数字化与自然语义分析技术的分析方法,它们能使复杂的文本信息成为结构化、可分析的数据,构建数据打通、融合、能为运营持续赋能的点评管理系统。

首先，点评分析系统能够通过对点评内容的深度挖掘与聚合，以及语义分析技术的解析，将海量点评转变为可量化、可分析的数据，从而刻画出酒店客户旅程触点，并清晰迅速地定位客户的核心诉求、痛点、需求、建议等关键信息，围绕这些信息进行产品或服务的优化，设计出更加符合市场需求的产品或服务，进而改善客户的住宿体验，最终提升酒店的点评分，提升曝光度及转化率。

其次，通过系统地分析点评内容，还能够挖掘出契合酒店自身调性的口碑传播因子，并让其通过客户的点评被传播出去，形成裂变效应，从而拉动更多潜在客群。

最后，在当下竞争如此激烈的市场中，保持领先于竞争对手乃至市场至关重要。通过系统设置，系统能够实时追踪竞争对手的点评数据，全面地了解竞争对手口碑情况及酒店所处的市场位置。同时与竞争对手酒店进行对比，了解竞争详情，制定口碑提升目标，进而获取更强的竞争洞察力，制定差异化的竞争策略。

对于酒店集团而言，监控及管理众多旗下门店的口碑是极其烦琐和困难的。通过点评综合管理系统，将所有门店点评数据聚合展示在一个平台，集团可以将口碑目标落实到单店，同时直观地了解到旗下酒店排名、达标情况，在管理上给予适时的监督指导，加强集团对OTA点评的管控力，提升集团整体口碑。此外，基于数据量化形式下达考核目标，还能提升酒店集团整体的运营服务水平。

（二）客户忠诚度计划

客户忠诚度计划是通过维持客户关系和培养客户忠诚度而建立客户长期需求，降低其品牌转换率以及提升复购率的客户计划，通常的形式包括客户分级会员制、累计消费奖励制度等。客户忠诚度计划被认为是现代营销的一种方式，已经存在了数百年，现代第一个忠诚度计划始于1793年，在美国的新罕布什尔州萨德伯里的商人开始用"铜代币"奖励反复购买其商品的顾客，以提升他们的忠诚度。随着时间的推移，忠诚度计划越来越多地应用在各个与消费者相关的行业中，最典型的莫过于航空业与酒店业。1986年6月，喜来登集团创立了全球第一个酒店系统的顾客忠诚计划——荣誉宾客奖励俱乐部。2018年，喜达屋被万豪收购，目前叫作万豪旅享家，全球会员超过1.3亿人。会员可基于入住次数来兑换免费早餐、行政酒廊、优惠房券和尊贵服务等一系列会员特权。

在近年数字信息科技发展的背景下，客户忠诚度计划的载体在不断地更迭，通常包含以下三个关键要素：信息科技的运用、客户信息/知识的洞察，以及直接与客户进行个性化沟通。在酒店业当中，酒店可以通过数字化技术（如各类社交媒体）的运用来提升客户在住后旅程与酒店的触达次数，基于触达反馈的数据进一步分析与洞察客户诉求，从而与客户进行个性化沟通，提升客户对酒店的好感度，为下一次复购营造契机。

以往传统酒店的忠诚度计划中的兑换产品主要为酒店场景下的产品（如优惠客房、

行政酒廊等)。由于酒店为低频次消费品,消费者往往是因旅游、商务等需求才会到酒店消费,降低了客户忠诚度计划对于消费者的吸引力。而在数字化技术的赋能下,酒店能够在网络平台放入各种客户日常生活场景下就能使用到的高频次消费品(如床品、香薰等),提升客户忠诚度计划对于消费者的吸引力。以拥有两千万会员的某酒店品牌为例,该品牌通过打造品牌生活馆和商城,使会员在入住酒店时看到的床垫、枕头、洗浴品、台灯等一系列商品都可直接在会员系统中用积分兑换。

可以看出,在客户忠诚度计划的历史上,代币、优惠券、邮票、里程、积分和许多其他变体都已被使用,但是程序设计的逻辑没有改变,所有采用忠诚度计划的公司都遵循完全相同的方法,忠诚度计划的核心逻辑始终保持一致性,那就是在客户消费时向其提供代币化的货币(奖励),并允许客户赎回累积的货币以获得理想的奖励(兑换成客户想到的物品),这是一种经受了时间考验的消费者参与的实用模型,适用于大多数行业,酒店业也不例外。

(三)数字化离店问卷

传统消费时代,酒店在获取客户在住店流程中的体验及建议时通常采用以文字为主要填写形式的长篇纸质问卷,或是以调查人员口头询问的方式来进行调研。然而,这两种调研形式并不是最优的。第一,基于文字形式的长篇问卷所需的调研时间较长,耽误被调研者时间的同时,还造成了较差的答题体验,进而导致问卷的回收率、答卷可信度、有用性等调研指标都较低;第二,基于口头询问的调研形式在没有量表的情况下,调查引导性及目的性较强,难以获取客观及可信的信息。因而回收的答卷客观性、效度、有用性等调研指标都较低。不仅如此,许多酒店在客户的住后环节也只是简单地对客户进行了满意度调研,而并未将调研的机会转化为一次"营销"的机会,并未试图将"一次性客户"转化为"长期的忠实客户"。要知道,获得新客户的成本比保留现有客户的成本高6—7倍。并且,客户保留率提高5%可以将利润提高25%—95%。

时过境迁,在信息数字化时代下,数字化问卷调研以信效度、回收率、有用性、客观性等诸多调研指标较高的优点逐渐取代传统的调研方式。在体验经济的浪潮下,酒店愈来愈重视对客户体验度的调研,纷纷采取如代金券、附带产品优惠券、现金等奖励方式以鼓励客户反馈感受。对于客户来说,填写简短、便捷的数字化问卷不仅能节省答题时间,还能收获诸多奖励。对于酒店来说,通过提供酒店产品或服务的代金券、优惠券等激励来刺激客户填写数字化离店问卷,一方面能以"捆绑未来消费"的形式增加客户的黏性以及复购率;另一方面能够在"流量红海"的市场环境下,基于酒店直销平台、小程序或公众号等私域平台,通过激励的方式将大量客人沉淀至企业的私域流量池当中,在住后阶段建立与发展企业与客户之间的关系,不仅能够大幅度增强客户的生命周期价值,还能洞察客户的行为与偏好,预测市场未来发展趋势,为企业可持续发展打下坚实的基础。

（四）线上社群运营

在残酷的市场竞争环境中,酒店仅仅依靠低消费频次的客房收入难以在众多包围圈之下突出重围。因此,如何发展酒店的高频次的非客房收入（如健身房、SPA、水疗收入等）成为重中之重。此外,随着主力消费者群体的年轻化,其品质化、情绪化、场景化、生活化的消费特征让他们不再将酒店当成一个简单的旅居场所,而是当成人文、社交、轻奢、有趣生活方式的延续和入口,他们渴望能够在酒店收获更多的朋友、灵感和温暖。

基于此情景,愈来愈多的酒店企业通过"社群运营"的方式,在客户住店及离店期间引导其进入自建社群,在社群中营造多种场景,从而拓展销售更多周边产品（如床品、睡衣、香薰等）。同时,在社群中企业以"朋友"的身份与客户建立及保持极为良好的关系,并在社群中传递客户所喜好的生活方式理念,进而经过口碑裂变来吸引更多同质化客户,为酒店创造更高的美誉度。例如,某国内品牌酒店零售团队就凭借酒店供应链整合能力以及用户调查满意度数据,打造出当代消费者所喜爱的"质感生活"场景化入口。为延续品牌人文、温暖、有趣的品牌调性,该品牌围绕超过2500万忠诚会员的出行痛点,洞察用户的上亿次入住体验需求并收集实际反馈,反向研发设计产品,向客人提供覆盖睡眠、香氛个护和出行领域的产品服务,让用户享受"所用即所购"的便利,朝着"始于住宿的生活方式品牌集团"的愿景稳步前进。此外,该品牌零售业务还在私域渠道和电商渠道布局,私域以App、小程序为代表;电商涵盖天猫、京东、有赞、抖音、小红书等。该品牌始于酒店,但不止于酒店,挖掘了酒店更多的场景价值,通过线下创造场景,线上延续价值,全力为2500万忠诚活跃会员提供了把品牌带回家的可能性以及在家和在途的全面解决方案。

主要术语

1.客户忠诚度计划:指通过维持客户关系和培养客户忠诚度建立客户长期需求,降低其品牌转换率以及提升复购率的客户计划,通常的形式包括客户分级会员制、累计消费奖励制度等。

2.线上社群运营:指在客人住店及离店期间引导其进入自建社群,在社群中营造多种场景,从而拓展更多周边产品的运营方式。

> 传统酒店客人的住后旅程囊括了结账(Check Out)、查房、退押金、开发票等一系列流程。而在数字化时代,通过数字化手段能够进一步延续消费者的体验记忆,为传统的消费者住后旅程增添了如点评、分享、裂变、复购等流程。典型的住后数字化应用场景有在线点评管理、客户忠诚度计划、数字化离店问卷和线上社群运营。

训练题

一、自测题

1. 公域流量与私域流量的区别是什么?
2. 用户数据平台的作用是什么?
3. 什么是电子口碑?
4. 在线点评的作用是什么?
5. 什么是社群运营?
6. 酒店的非客房收入有哪些?

二、讨论题

1. 请讨论数字化技术在酒店客人住后旅程的应用场景(不少于3个)。
2. 请讨论在线点评在酒店日常运营及营销中的应用价值。

三、实践题

1. 对数字化技术如何提高酒店的非客房收入进行调研,并写一个调研报告,在课堂上进行小组演示。
2. 对酒店私域流量运营方法进行调研,并写一个调研报告,在课堂上进行小组演示。
3. 对酒店线上社群运营的实践方法及注意事项进行调研,并写一个调研报告,在课堂上进行小组演示。

项目四
了解酒店数字化运营应用场景

项目概述

本项目我们将学习七个任务,它们分别介绍了酒店市场销售数字化运营场景,其中包含酒店营销工作的内容及其数字化应用场景;酒店客房数字化运用的相关背景及其数字化运用方式;酒店餐饮与会议数字化应用场景;酒店人力资源的数字化应用场景;酒店财务及供应链数字化应用场景;酒店工程与安全数字化的具体应用场景;酒店协同共生数字化应用场景,其中包含酒店协同共生的关键流程。通过本项目的学习,学生将总体上掌握酒店数字化运营的具体方向,提升对于酒店数字化运营的认知,进一步开拓酒店数字化运营的思路。

项目目标

知识目标
1. 掌握酒店数字化运营的基础理论。
2. 了解酒店数字化运营的当前背景。
3. 熟悉酒店数字化运营的应用场景。

能力目标
1. 能够在实践层面基本应用数字化运营的基础理论。
2. 能够对酒店各部门的数字化运营情况做出评价。
3. 具有在酒店使用数字化运营工具的能力。

素养目标
1. 推进酒店各部门的数字化应用与发展。
2. 培养酒店数字化运营的思维。

酒店数字化运营概论

  知识导图

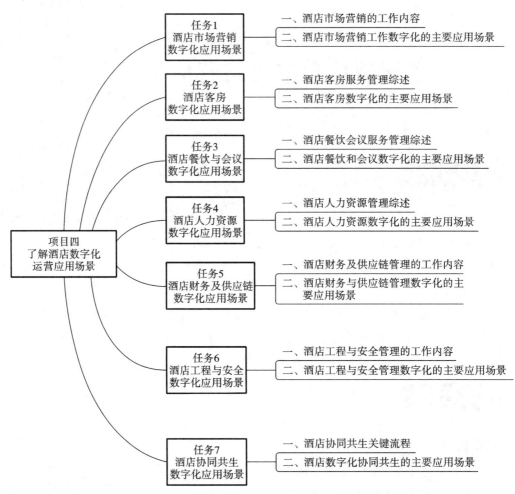

  重点难点

重点：理解酒店数字化运营的理论。

难点：掌握酒店数字化运营的具体实践及方法。

案例导入

实习生小李随着对数字化技术和酒店运营了解的日益深入，开始寻找更多专家去求教。经过上司介绍，他找到了一家知名酒店集团首席信息官陈总，向他详细讨教了数字化在酒店的全方位运营场景，以及如何解决酒店运营的痛点。陈总描述了目前酒店运营存在三大痛点：一是酒店获客难、留客难；二是酒店整体后台运营效率低、运营成本高；三是对未来经营预测难、上下游是竞争多于协同。基于以上酒店运营痛点,陈总向小李介绍了数字化技术具体在酒店的主要运用场景,涉及酒店营销、酒店客房、酒店人力资源、酒店工程与安全、酒店协同共生等。

首先是对客服务,酒店可以利用互联网及大数据对客户进行标签化处理,知道客户的喜好,然后进行精准服务;利用位置定位服务(LBS)在酒店周边提供产品精准推送;也可以利用IoT技术在客房推行智能化客控控制灯光、空调及机器人一链服务等,最大限度地提高客户体验。其次是酒店内部管理运营的应用,特别是通过一体化业财系统可以实现酒店前台系统与后面财务系统实时数据集成,减少重复手工劳动并且减少数据的不一致性;通过对供应商评估确保供应商公平、公开、透明竞争,并保证产品品质及供货的及时性;通过对采购申请、采购订单、收发货及发票付款一站式递进处理,做到单单相联,单单相符,极大地提高了采购效率;利用机器人对财务记账与报税进行自动化处理,减少财务人工处理;通过物联网实现酒店工程及安全工单处理自动化、变被动响应为主动响应,特别是工人智能AI的使用对控制类似泳池安全隐患起到了提前预防、主动提醒的作用。最后是通过协同共生与酒店的同业、异业整个生态进行协同合作,用大数据实时监控合作过程、效率,随时纠偏。

小李通过李总对数字化营在酒店场景的详细介绍,清楚地知道了数字化对酒店可能产生的影响,例如可通过提高客户体验增加酒店收入,通过提升效率降低运营成本,从而提高酒店利润。数字化可以应用于酒店的方方面面,以点切入,迭代应用,最终实现酒店数字化转型。

任务 1 酒店市场营销数字化应用场景

一、酒店市场营销的工作内容

酒店市场营销是酒店最为重要的经营活动。它是酒店根据自身的营销、服务、管理等能力确定目标市场和差异化竞争优势,并根据目标市场客户的特点和需求进行资源整合,综合运用各种方法与目标市场客户建立良好的关系,吸引客户(持续)购买酒店产品和服务,从而为酒店获得经营收入和实现经营目标的市场经营活动。

酒店的市场营销活动的主要执行部门是市场营销部,但市场营销工作涉及酒店运营的方方面面,并不局限在市场营销部。如今,客户在住前、住中和住后这些阶段均会通过数字工具与酒店进行互动,市场营销工作已经渗透客户与酒店的每个触点,如图4-1所示。这些触点既是酒店为客户打造优质体验和建立高质量客户关系的触点,也是为客户创造更多消费机会的触点。例如,当客户在酒店前台办理入住手续的时候,前台的工作人员除了向客户提供热情、高效的服务外,还可以根据客户的潜在需求向客户推荐酒店的下午茶、自助餐等付费项目。

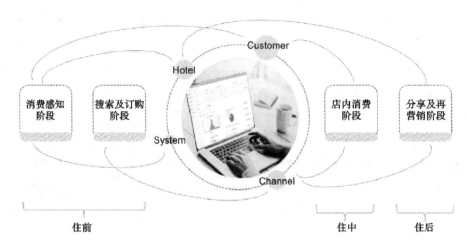

图 4-1　住前、中、后各阶段客户接触点

酒店的市场营销工作主要有三大职责:第一是市场策划与推广工作,目的是为酒店带来更多的潜在客户和渠道;第二是销售工作,目的是促进潜在客户购买酒店的服务和产品,以及通过更多的合作渠道销售酒店服务和产品;第三是客户关系管理,目的是提升客户的忠诚度,让客户反复来酒店消费,甚至介绍更多的朋友来酒店消费。

二、酒店市场营销工作数字化的主要应用场景

(一)宣传推广的数字化

酒店业是一个高度市场化的行业,市场竞争非常激烈。为了获取更多的目标客户,酒店需要开展有效的宣传工作和广告推广。

在移动互联网时代,企业开展宣传推广的环境和传统互联网时代有大的不同。从信息传播源分析,信息是通过多渠道和"非中心化"的方式进行传播的;从消费者行为上看,消费者搜索信息的方式呈现"碎片化"的特点。消费者可以随时、随地、随身通过移动终端获取信息。这些变化导致信息传递和接受的主动权不再在企业手里,而是在消费者手里。因此,企业的宣传推广应与数字渠道、数字化方式、数字化工具深度融合,并产生如下应用。

1. 宣传渠道和宣传内容的数字化

在移动互联网时代,酒店开展宣传的渠道有自有渠道、免费渠道、分享渠道和付费渠道四种,如表 4-1 所示。酒店需要根据传播对象、传播内容、传播目的、业务需求等因素选择不同宣传渠道组合方式。

项目四 了解酒店数字化运营应用场景

表 4-1 酒店开展宣传的渠道

自有渠道	免费渠道	分享渠道	付费渠道
企业自行控制和管理的宣传渠道	第三方免费帮助企业进行宣传的渠道	通过客户自发点评和分享进行宣传的渠道	企业付费的宣传渠道
官方网站； 官方微博； 官方微信服务号； 官方小程序； 抖音企业号； 小红书企业号； 企业其他自媒体平台	媒体的线上软文报道； 合作伙伴的线上宣传渠道； 跨界和跨领域的联合线上推广	带有点评功能的旅游网站； 客户在社交媒体上的分享； 员工在朋友圈中的分享	KOL收费推广； OTA平台； 搜索引擎营销； 网络广告； 社交广告； 户外广告； 活动赞助

在传播内容的制作方面，主要制作的内容有文字、图片、音频、视频四种。酒店需要根据传播渠道的特点选择不同的内容或者根据创意和需求进行多种形式内容的融合。例如，在微信推文中，可以将文字、图片、视频、音频进行融合。

2. 内容传播的数字化和智能化

在传统互联网时代，内容传播的过程是由企业主导的，企业在线上发布什么内容，消费者就看什么内容。在移动互联网和社交媒体时代，用户广泛参与了内容的产生和传播。每天出现的海量内容使得人类处在一个"信息大爆炸"的环境中，每天所接触的信息量已经超过了人脑可以有效处理的程度。消费者希望仅仅在有需要的时候收到合适的信息。企业只能在合适的时间、合适的场景，通过合适的传播工具，向合适的客户群传递合适的信息。因此，在云计算、大数据、人工智能等新一代信息技术的支持下，内容的智能化传播和个性化推荐成为内容传播的主要发展方向。用户在线上的行为数据被采集和分析，从而能够分析用户对内容的偏好甚至预测用户的需求，企业的宣传内容可以面向不同的用户进行"千人千面"的呈现，从而为用户提供最佳的传播体验。例如，在OTA的网站上，不同人所看到的酒店是不一样的。在酒店的微信服务号中，不同分组的粉丝可以看到不同的微信菜单。

3. 宣传推广与销售转化的结合

过去，酒店在进行宣传推广的时候，无论内容多么吸引人或者多么有创意，受众用户都无法在看了宣传广告后立即购买。现在，无论是线下的宣传，还是线上的宣传，只需要在内容中嵌入一个二维码，受众用户就能够在接触到酒店宣传内容后，立即识别二维码或者扫二维码进行产品的购买，从而实现了"品效合一"的效果，即企业品牌形象宣传和产品销量的同步提升，如图4-2所示。

图 4-2　不同酒店在前台、客房、大堂中放置的二维码宣传物料

4. 宣传推广效果的监测和追溯

　　酒店的宣传推广渠道很多,但如何评估每一个宣传渠道和广告投放的效果是让很多酒店市场传讯人员"头疼"的问题。互联网的一个显著特征就是可以实现数据的追踪和溯源。企业在线上的推广是很容易通过数据进行监测和分析的。数字广告投放后,是否有人点击广告链接?是否有人看完线上广告后再点击"预订"按钮进行订购?在哪个时间段投放广告效果最好?哪些区域的用户最为关注?这些数据能够帮助分析人员很好地分析投放效果。此外,还可以在不同的投放渠道链接上设置参数,或者签署不同参数的二维码,这就可以实现对各个投放渠道的效果分析和追溯,如图 4-3 所示。这样,酒店的市场营销人员可以不断优化投放渠道,实现效果的最大化。

(二)销售渠道的数字化

　　销售渠道是指企业的产品或服务流向终端消费者所经过的通道或者途径。根据参

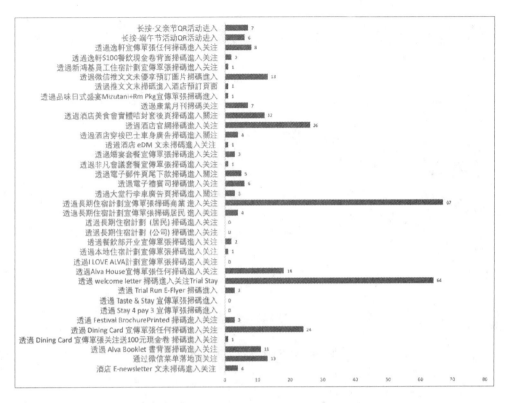

图 4-3　某酒店宣传资料获客效果分析

与销售链条的主体不同,可以将消费渠道分为分销渠道和直销渠道。随着酒店客户搜索、选择、预订酒店的行为从线下转移到线上,酒店的分销渠道和直销渠道也大部分在线化了。

1. 在线分销

酒店在线分销是指酒店通过在线旅行社（Online Travel Agent，OTA）分销产品的销售模式。以"携程""美团""飞猪"为代表的中国品牌 OTA 和以 booking.com、expedia.com 为代表的境外品牌 OTA 通过其数字平台向旅游者销售酒店的产品。酒店需要遵循 OTA 市场合作的原则并且了解所合作的 OTA 平台上流量分配和转化率提升的规则,这样才能从 OTA 中获得更多的订单。例如,价格一致性原则就是酒店和 OTA 合作的基本条件,即所有的在线消费渠道在相同条件下都需要以完全一致的价格进行在线销售。

2. 在线直销

酒店在线直销是指酒店借助于自有的数字化销售平台直接和终端消费者进行沟通,并促进交易。酒店的在线直销主要是通过官方网站、微信公众号、小程序、智能手机 App 这些酒店自建的平台开展的。在这些酒店自建平台上,通常都有预订系统、会员忠诚管理系统、在线商城管理系统等功能模块,使得终端消费者可以直接向酒店订购产品,如图 4-4 和图 4-5 所示。

图 4-4　DOSSM 在线销售管理平台

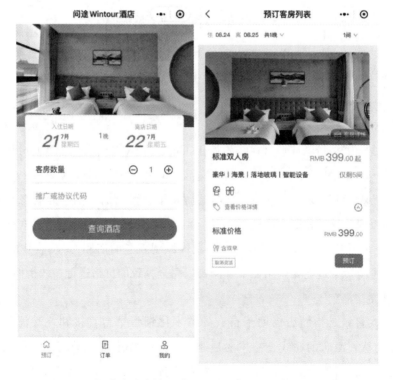

图 4-5　酒店在线直销渠道—微信小程序（客房预订页面）

酒店开展在线直销的好处很多,一方面,通过直接为客户提供服务,提升了与客户的沟通效率,有助于提升客户的忠诚度和复购率;另一方面,降低了对分销渠道的依赖并省去了中间佣金成本。对于消费者而言,通过酒店的在线直销平台,可以直接和酒店互动,获得更多的增值服务和更大的性价比优势。

3.收益管理

酒店的客房产品具有易逝性的特点,即产品只能在特定的时间进行消费。如果时间一过,产品无法储存、转售或退回。因此,酒店在开展在线直销或者在线分销的时候,需要对产品的销售和库存情况进行数据分析,并对未来的销售情况进行预测,这种管理行为使得酒店能够对具有"易逝性"的特点的产品价格进行动态调整,确保酒店收益的最大化。这就是酒店业非常重要的专业知识和技能——收益管理。由于酒店经营的信息化、酒店销售渠道的在线化和市场信息的数字化,酒店的收益管理工作和数字化密切相关。

(三)客户关系管理和客户深度运营

酒店业是一个高度重视客户关系管理和客户运营的行业。酒店营销的核心就是客户关系管理,酒店与客户关系质量的好坏决定了酒店生意的好坏。客户关系管理的数字化是酒店数字化战略的核心,是酒店数字化运营最为重要的组成部分。从管理角度来说,酒店客户关系管理工作涉及酒店的多个部门,没有一套数字化体系去管理这些跨部门并包括多个利益相关者的协作是不可想象的。从客户角度来说,客户与酒店的互动贯穿客户整个消费过程,而且越来越多的互动是在线互动,尤其是通过移动互联网互动,这些互动会产生海量的客户数据,帮助酒店更好地了解客户,尤其是客户需求,从而开展客户的深度运营,促使客户关系的高质量发展。

1.客户关系管理和忠诚度管理

在酒店的客户关系管理工作中,通过客户忠诚度计划实现客户忠诚度的管理是核心内容。很多酒店都会通过忠诚度计划来提高客户的忠诚度和复购率。比如,万豪集团的"Marriott Bonvoy｜万豪旅享家"、洲际酒店集团的"IHG® Rewards Club｜优悦会"、希尔顿酒店集团的"Hilton Honors｜希尔顿荣誉客会"和香格里拉酒店集团的"Golden Circle｜贵宾金环会"。忠诚度计划主要内容包括客户级别划分、客户权益和积分奖励计划,它是企业基于对客户终生价值(Customer Life Time Value)的重视,为了培养客户忠诚度而建立的长期奖励计划,包括客户数据采集和分析、客户账户体系、客户成长体系、客户奖励兑换体系、客户个性化沟通管理和信息技术支持工具六个核心要素,如图4-6所示。

2.客户的深度运营

客户关系管理对企业来说至关重要,客户关系管理的方法也在与时俱进。近年来,

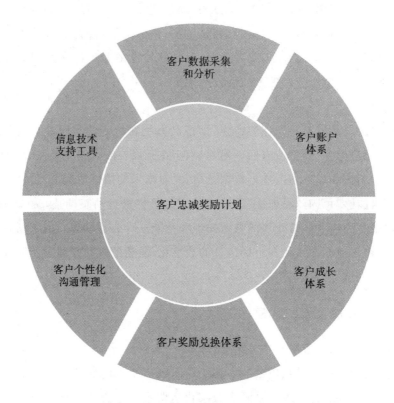

图 4-6　客户忠诚度计划六个核心要素

基于全接触点的客户深度运营得到越来越多酒店品牌的重视。酒店与客户的接触不是始于店内，而是从多渠道的宣传推广就开始了。目标客户从接触到酒店品牌产生消费欲望开始，可能会经历在线搜索酒店信息、在数字平台上预订酒店产品、到酒店办理入住、在酒店体验酒店各项服务、离开酒店、再次到酒店消费甚至介绍朋友到酒店消费等不同的阶段。在每个阶段，客户都会和酒店的产品、服务、数字工具、员工产生接触。这些客户接触点就是酒店建立与客户高质量关系的机会。

在大数据、人工智能和云计算技术的驱动下，不断发展的营销技术为酒店开展客户深度运营工作带来了条件。酒店可以在每一个客户接触点上，创造和客户的互动机会，通过双方的互动，给客户带来良好的数字化体验；在接触的同时，将来自不同客户接触点、不同数字工具的客户数据打通，从而能够通过用户画像的构建深度了解客户的特征和需求，并运用营销自动化技术向合适的客户在合适的时间自动地推荐合适的服务和产品。随着移动互联网技术与营销技术的深度结合，客户数据的获取、分析和利用的技术越来越成熟，酒店就具备了开展客户深度运营的条件。例如，结合客户数据平台（CDP）的动态数据获取和分析能力，可以不断丰富和完善用户画像（见图 4-7），通过营销自动化技术使满足客户"千人千面"的个性化需求成为可能。

项目四　了解酒店数字化运营应用场景

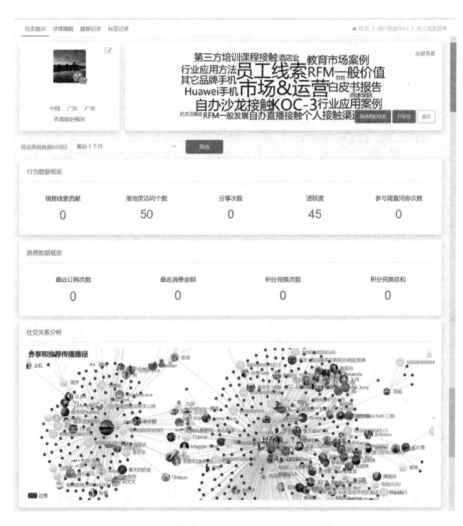

图 4-7　基于用户数据平台(CDP)的用户画像分析

主要术语

1. 酒店市场营销：酒店市场营销是酒店最为重要的经营活动。它是酒店根据自身的营销、服务、管理等能力确定目标市场和差异化竞争优势，并根据目标市场客户的特点和需求进行资源整合，综合运用各种方法与目标市场客户建立良好的形象和关系，吸引客户(持续)购买酒店产品和服务，从而为酒店获得经营收入和实现经营目标的市场经营活动。

2. 自有宣传渠道(Owned Media)：企业自行控制和管理的宣传渠道。

3. 免费宣传渠道(Earned Media)：第三方免费帮助企业进行宣传的渠道。

4. 分享宣传渠道(Shared Media)：通过客户自发点评和分享进行宣传的渠道。

5. 付费宣传渠道(Paid Media)：企业付费的宣传渠道。

6. 品效合一：在宣传过程中实现企业品牌形象宣传和产品销量同步提升的效果。

7. 在线分销：指酒店通过在线旅行社(Online Travel Agent, OTA)分销产品的销售模式。

8. 在线直销：指酒店借助于自有的数字化销售平台直接和终端消费者进行沟通，并促进交易的销售模式。酒店的在线直销主要是通过官方网站、微信公众号、小程序、智能手机客户端这些酒店自建的平台开展。

9. 收益管理：以市场和客户为中心，以市场预测和市场细分为基础，通过对产品(或服务)价格的优化和资源的有效分配，平衡市场上该产品(或服务)的供给和需求，从而实现企业收益最大化。

10. DOSSM：Digital Operations by Smartphone and Social Media 的简称，即借助于智能手机和社交媒体进行数字化运营。其一，DOSSM 是一个客户运营的概念，以移动互联网为基础，以社交媒体为互动手段，以数据驱动运营为方法；其三，DOSSM 也是由旅游及酒店业数字技术服务商——广州市问途信息技术有限公司提出的 SaaS 云平台解决方案，包括 DOSSM-SalesTech 数字营销平台和 DOSSM-MarTech 数据化运营平台两大部分。

任务小结

酒店的市场营销工作主要有三大职责。第一是市场策划与推广工作，目的是为酒店带来更多的潜在客户和渠道；第二是销售工作，目的是促进潜在客人购买酒店的服务和产品，以及通过更多的合作渠道销售酒店服务和产品；第三是客户关系管理，目的是提升客人的忠诚度，让客人反复来酒店消费，甚至介绍更多的朋友来酒店消费。

酒店市场营销工作的数字化应用场景有三种，分别是宣传推广、销售、客户关系管理。宣传推广的数字化内容有宣传渠道和宣传内容的数字化、内容传播的数字化和智能化、宣传推广与销售转化的结合、宣传推广效果的监测和追溯。销售渠道的数字化内容有在线分销、在线直销、收益管理。客户关系管理内容有客户关系管理、忠诚度管理、客户的深度运营。

训练题

一、自测题

1. 酒店市场营销的主要工作内容有哪些？

2.酒店市场营销工作的数字化应用场景有哪些?

3.酒店市场营销的三大职责分别是什么?

4.酒店市场营销的数字化客户接触点有哪些?

5.酒店市场营销的数字化销售渠道分别是什么?

二、讨论题

1.在多元数字化运用的背景下,你认为哪种酒店的市场营销方式效果最好?请具体讨论。

2.你对于客户关系管理与酒店数字化营销工作的相关性的理解是什么?

三、实践题

1.对酒店市场营销文案进行调研,将调研结果在课堂上进行小组讲解与讨论。

2.你认为酒店市场营销的重点工作应该是什么,请结合自创酒店品牌进行说明。

任务 2 酒店客房数字化应用场景

一、酒店客房服务管理综述

现代经济的快速发展、生活水平的不断提升以及各种交通条件的改善,使得人们出差、出游等各类出行活动的需求大幅增加,对于饮食和住宿环境与条件的要求也在不同程度地上升,尤其是对在酒店住宿期间的各种体验有更多的期待和更高的衡量标准。而对于酒店行业的从业者来说,更多、更高效、更精准地提供专业化、标准化以及个性化的品质服务,充分和真实地体现"宾至如归"显得尤为重要和富有挑战性。

在酒店的真实场景中,到达酒店后的每一位宾客都需要在酒店的前台办理入住登记手续,由前台服务员告知酒店的相关信息和近期注意事项,登记入住后在礼宾服务员的引导下进入客用电梯从而前往所住房间的楼层,随即开启在酒店客房的体验旅程。使用房间的磁卡打开房门进入房间,客人将逐一开始使用房间内的服务设施,包括但不限于房间的灯光、空调、窗帘、电视等设施,习惯性地考察一下房间内洗手间的格局和卫生用品的陈列;闲暇之余登录上网刷刷朋友圈,浏览一下分门别类的热门网络应用,收发一下电子邮件;开心之余用房间电话告知客房服务中心(Guest Service Center)补充提供一些客房用品和卫生间消耗品,或是呼叫一些充饥解馋的客房送餐及饮料小食,为自己定制一个人工叫醒服务,问询并存放贵重物品等。当客人离开房间,在未设置"请勿打扰"(DND)提示情况下,服务员会根据客房主管的排班安排,按时间和按标准要求进入客人房间进行房间和卫生间的清洁工作,更换和补充客房内用品,提供收送客人洗衣、擦拭皮鞋、送果盘、开夜床等服务。完成所有服务后需及时在清扫记录中做相应内容更新和标注，以便为客房主管查房提供信息依据。客房主管会不定时检查已完成的房间卫生清洁和物品补充情况，如发现问题会用电话或对讲机通知客房服务员立即重新打扫或改正，经过检查一切正常的房间才可以正式被确认为干净住客房间或可供出租房间的客房房间状态，并及时在客房管理系统和酒店的前台管理系统（PMS）中完成房态更新。

酒店客房部作为酒店与住店客人接触和产生互动最多的一个服务部门，整个服务过程中承载着很大部分客人满意度的评判比例，应科学而恰当地融入数字化服务及管理应用来增强自身核心竞争力，通过大量真实的数据分析做好人员绩效管理、流程再造、运营成本管控，力争帮助酒店在不断创新的酒店行业中占有一席之地。

二、酒店客房数字化的主要应用场景

（一）AIoT赋能客房智控

AIoT（人工智能物联网）是AI（人工智能）与IoT（物联网）在实际应用中的融合，5G数字网络建设与酒店无线网络搭建的相互补充结合，为酒店提供了一个高速数据传输和安全稳定的信息链接通道，从而让AIoT能充分赋能酒店客房智能化服务的发展。

在AIoT技术的驱动下，酒店可以将客房的智能门锁系统、中央控制系统（RCU）、智能音箱整合成一个控制平台，将原有的触控式控制模式、热感应控制模式、智能遥控器模式等整合为统一的人机交互模式。在这样的控制场景下，当客人使用智能芯片房卡或以手机的蓝牙方式打开客房房门时，客房内的灯光、空调、窗帘将同时被系统自动开启，房间内的电视机在开机的同时即播放伴有自行定制乐曲的酒店欢迎界面，这样就可以使客人将时间用在优先要做或是喜欢的事情上。同时客人也可以通过与房间内的智能音箱进行语音对话，给出关闭和调整房间内设施的指令。当夜晚降临的时候，客人可以通过呼叫智能音箱关闭窗帘，关闭电视，将空调温度下调2℃，再播放一首自己喜爱的歌曲，平躺在床上或瘫坐在沙发里，如同在家中一般惬意。

酒店内设置的支持简单对话的酒店服务机器人，可以成为客人在住店期间指路引领、酒店信息查询的小帮手；同样在安全、卫生和控制成本的前提下，客房服务机器人也可以借助互联互通的智能控制网络环境担负起客房送餐、客房用品配送的服务任务，在轻松完成服务的同时给客人带来轻松而新奇的服务体验。

（二）酒店客房数字互动与娱乐

酒店的客房对于出行客人来讲如同第二个家，客人在房间内驻留时，休闲娱乐环节不可或缺。每位住店客人初次入住酒店的房间后，在智能房间控制系统的操控下、客房内的电视机会自动开启，酒店的欢迎界面伴随着优美旋律的欢迎曲呈现在电视机的屏幕上，客人的姓名以及酒店总经理温馨的问候语映入客人的眼帘，为客人带来一丝到家了的轻松和愉悦感。客人可以依照屏幕下方的提示方法和步骤进入数字互动电视的主界面，酒店专属的信息介绍频道、互动娱乐频道、城市文化信息、客人信息等菜单标识将全面呈现出来；在电视屏幕的最下方会滚动播放酒店的流播广告内容，需要客人了解的酒店内各餐厅的定制套餐、特色菜肴、国内外特色的美食节等各种活动的资讯信息尽收眼底，在观看电视节目的同时也不会漏掉任何能够让客人产生兴趣的活动信息。

酒店房间的互动娱乐系统提供了数字投屏功能，更好地个性化服务于不喜欢收看酒店的电视节目的客人。只需简单的步骤即可快速同步客人的智能手机和平板电脑，客人存储或收藏在智能终端上的各种影视 App、音频 App 以及各大游戏平台等，可以被清晰便捷地投放到电视屏幕上，在保证客人用眼健康的同时也达到了更佳的人机互动效果。屏幕投放的安全设置功能对每个房间的互动投屏内容做了定向播放保护，避免了房间与房间之间客人所选择播放内容的错误投放带来的尴尬和投诉。与此同时为加强数字影音客房体验，有些酒店还专门投资更换了大屏幕的客房电视和投影设备，影音特色客房也应运而生。

随着社会娱乐活动越来越丰富，电子竞技类特色客房概念已然兴起。为增加客人在房间内的互动和娱乐性，一些中高端酒店在部分房间内提供了 VR 设备，如果客人有兴趣或是闲暇之余还可以佩戴上设备浏览了解一下酒店内的其他配套服务设施，如餐厅、健身房、庭院等，或者是尝试一下酒店为住店客人定制的一些体验式互动游戏和影音作品。

客房互动电视主界面中如设置了客人信息子菜单，客人在房间内通过点击图标进入后可以清晰查询到其个人酒店消费账单的实时自动更新列表，如果客人是会议团队成员或是婚礼新人及亲朋还可以收到会议和宴会的所有日程安排等信息。

（三）智慧客房管家

4G 与 5G 网络技术的成熟和稳定、酒店全区域的无线网络覆盖、多品牌智能电子终端的普及使得酒店客房服务中心在数字化应用方面有了更多可行性，特别是在可视化和移动性的功能层面有了质的提升。依据酒店基于数据安全、方便准确进行工作交接和物品统一管理原则，客房部每位当班的员工都需要使用个人登录信息登录使用智能手机或平板电脑上的服务中心系统，在服务工作中利用这些移动工具获取和录入数字代码、图像视频或收发短消息等。

客房楼层主管是酒店客房部的核心管理者，他们每个人手中的平板电脑就相当于客房服务工作的可视化驱动器，输入安全密码登入客房管理系统可以查询信息数据、分配各项服务工作、跟踪服务工作进度、协调和管理人员和物品。选择打开管理系统的客房楼层平面图，所有客房的房间状态信息在颜色不同的图标衬托下展现无余，如红色代表有客人住宿的客房、黄色代表离店的客人房、绿色代表可用于出租的空房。在楼层平面图上可以通过移动光标或点击房间号码来获取和核实住店客人信息，对于有重要客人标识的客房主管将会重点检查酒店欢迎果盘、鲜花等特殊礼品的配送和摆放情况，利用移动终端的便利性实时记录在检查客房清洁中所获取的综合事件信息，而对于在检查中发现的问题也可以实时建立和派发各项服务任务给到相应的楼层服务员。

客房楼层主管在服务员开始每日客房清洁工作前，登录客房管理系统依据参数设定将全部客房房间，按照房间状态、房间的楼层分布与对应楼层当值服务员做自动匹配，楼层主管做合理调配审核确认后由系统自动派发给服务人员。客房服务员接收任务后，开始按照房间顺序和房间类型规定的清洁内容和时间逐一进行客房清扫工作，每完成一个房间须在系统中及时更新房间状态。客房主管根据系统的更新提示做房间卫生检查工作，所有房间通过检查后一天的客房清扫工作结束，系统同时自动核算出当班服务人员的当日绩效并做数据存储。系统自动生成的数据报表可供酒店管理层随时查阅，也可以用作外包服务公司雇佣的外派服务人员结算工资费用以及每天派工总人数的核定标准。

对于住店客人由于匆忙结账离店而遗忘在房间的物品，服务系统支持以物品实物的外观照片、根据需要制作的短视频，以及简要的文字描述一并录入留存。相关的文字信息会通过系统与系统间的接口协议，自动同步到酒店的前台管理系统（PMS）客人历史资料中，便于在客人询问时提供精准和快速的信息查询与确认工作。

(四)精准服务追踪

为适应新型酒店服务管理结构的变革，方便客人使用客房电话发起服务请求和统一通话路径，很多酒店对客房专用电话面板进行了改造，由使用多个快捷按键拨打不同服务部门的方式改为一键直接连通酒店服务中心，而对客服务中心的改造也多基于酒店原有的总机中心。服务中心接线员在电话接听并确认客人的服务请求时，会将服务内容以数字代码或常用短信息方式创建一个新的服务任务，点击确认后由系统自动发送到指定的或是邻近客人所在楼层区域的服务员专用智能手机上，服务员接到信息提示后只需打开任务查看具体信息并点击接受，服务系统将自动确认此项客人服务要求已有服务员跟进，同时启动此次服务任务的处理时间记录；服务员完成任务后必须在第一时间用手机点击完成回复服务中心，系统即刻停止服务计时用来确认此项服务已完成，并在电脑屏幕中弹窗提示服务中心人员是否继续进行客人电话回访工作。

当派发的服务任务无人接受或是已进行的服务超出规定的服务时限，系统将自动再触发另一条服务升级信息给到服务员的上级领导，督促其提醒服务员尽快完成所派发任务或迅速更换其他服务员跟进，系统的服务升级机制预留了设定到酒店总经理的环节从而确保不漏掉每一项客人服务要求。客房主管收到升级通知后在任何位置可以使用智能手机或平板电脑重新建立和派发新的服务任务,系统将对新任务开始新的计时程序直到收到服务员确认此项服务已完成的回复消息。闭环而系统化的服务任务派发与追踪很大程度减少了服务过程中服务人员之间的频繁通话及沟通成本,同时最大限度地降低了使用对讲机对于客人和公共区域带来的噪声干扰。

通常情况下,客人的电话服务需求中也暴露出隐性的客房服务问题,而响应及时和准确的服务可降低投诉事件的发生频率。服务中心的客人电话回访功能,增强了与客人的沟通,可以把获取到的客人个人喜好与特殊要求等信息备注到酒店前台管理系统(PMS)的客人历史资料中,客人再次下榻酒店时会收到一份惊喜,这会增加客人对酒店的好感与忠诚度。服务中心系统汇总生成的服务与投诉跟踪数据精准分析报告,为提升酒店客房个性化服务及服务人员综合绩效考核管理提供了数字化参考依据。

(五)数据化管理

借力于酒店信息数字化客房的软硬件环境建设,客房部在人工成本控制、员工工作实效性考核以及外部资源整合等诸多方面的成绩得到了高效而精准的提升。

客房部经理在进行部门人员整体编制设计和运营成本预算时,通过客房管理软件对客房每一位服务员工作量和效率的数据进行分析,可以精确测算出需要清扫客房的员工人数,以此判断是招聘固定合同员工还是签约第三方派出机构的服务员;服务中心系统性分析报告会给出每个接线员接听电话的频率和挂断率,参照客人不同服务内容所需时间,分类服务项目占用员工接打电话的工作强度,可以得出服务中心人员的用工数量;使用智能机器人替代完成部分服务任务能降低固定劳动合同员工的比例,然后结合酒店生意的淡旺季分析数据采取弹性用工方式以实现人力成本控制等。

科学使用客房管理系统和服务中心系统的数据分析也可以改进形式化的员工绩效考核,依据管理标准要求和实际操作考核的结果,对每项服务做流程梳理,将客观的时间约定写入系统中,如客房清扫中的住客房间、当日离店房间和无住客房间三种类型,以工作内容区分做出三个时间规定,对应给出三个不同绩效分值,既可以引导员工保质保量地完成服务工作又能体现出多劳多得的公平原则。在服务任务时间控制、任务结果回访机制的设定下,从客房服务的实效性、客人表扬与投诉的真实数据记录中也能客观把握对员工做到"奖罚分明"。借助于员工的客房清扫打分记录,客房主管可以了解每个员工的当班工作量,得出客房用品更换数量和卫生间易耗品的使用数量,准确记录和掌控每天需要外部送洗的棉织品数量或重量,这些数据将作为酒店与第三方外派服务机构合作费用结算的有力依据,最大程度控制和降低客房用品成本在客房整体运营成本中所占的比例。

主要术语

1. AIoT:人工智能物联网,是 AI(人工智能)与 IoT(物联网)组成的混合词,指将两种技术相融合形成的一个智能化生态体系,可以实现海量数据收集、存储及分析,达到不同智能终端设备之间、不同系统平台之间、不同应用场景间的互融互通,使降本增效的流程一体化且易于管理。

2. 智能门锁系统(Intelligent Key Lock System):作为酒店房间第一安全防护设备,主要由智能锁、系统控制软件、芯片智能卡、发卡机、数据采集器等组成和实现统一控制管理。锁内的存储芯片将记载所有客人房卡和员工服务卡的开门记录,同时完整记录房卡使用者在酒店登记的相关信息;通过智能芯片和接口程序,智能门锁可以与 RCU 互联互通,实现开门即开启房间内所有同一网络环境下的电器和智能设备。

3. 房间控制系统(Room Control Unit,RCU):酒店房间控制系统由智能硬件与控制软件共同组成,是用来集中控制客房内设置和链接在同一网络环境下的灯光、空调、电视、音响和窗帘等设施的系统平台,传统上是由房间内的总控制面板加分区控制面板组成,随着创新技术的发展也逐渐融入了温控和声控的方式,在物联网技术的影响下也扩展了与其他第三方系统的数字化集成。

任务小结

酒店的客房对于出行的人群来讲有着"第二居所"的属性和存在价值,它不仅承载着客人住宿的需求,还要具备安全性、私密性和舒适性。多样性的需求使得酒店在人力资源及服务任务项目上大力投入,酒店的客房已经从最初的追求装修豪华、设备高端逐渐走向追求更高人性化、自动化水平和更强时代感知力。AI、VR、IoT 和元宇宙等现代科技和未来技术在强大的网络建设基础上越来越多地融入酒店的房间配置和运营管理中。酒店的客人在住宿期间也会体验到除了睡觉以外更多的休闲娱乐活动,在与酒店房间设施的互动中感受更多的乐趣和更优质的服务,加深对酒店的好感和印象。这增加了酒店对客人的吸引力,提高了客人满意度,有利于增强客人再次下榻酒店的愿望。

训练题

一、自测题

1. 酒店为客人提供的客房服务内容有哪些?

2. 客房服务中心系统的核心功能有哪些?

3. 酒店前台管理系统、客房管理系统和客房服务中心系统三者的相同与不同点有哪些?

4. 用电脑制作或手工制作一个从开始接收客人服务需求到完成服务任务的流程图。

5. 练习测算一个客房服务员每天的工作量和绩效。

6. 数字化的应用给客房运营成本控制带来哪些帮助?

二、讨论题

1. 酒店住店客人提出的服务需求中哪些是服务请求,哪些是隐性的投诉?

2. 酒店为住店客人提供的服务设施哪些更有实用性和吸引力?

三、实践题

1. 对数字化智能房间控制系统在酒店的应用进行调研,将调研结果在课堂上进行小组演示讲解。

2. 对酒店前台管理系统和客房服务中心系统的应用进行调研,将调研报告在课堂上进行小组演示讲解。

3. 对第三方外派服务公司在酒店客房服务中的采用情况进行调研,将调研报告在课堂上进行小组演示讲解。

任务3　酒店餐饮与会议数字化应用场景

一、酒店餐饮会议服务管理综述

近年来社会经济发展和物质生活水平的逐步提高,促进了"吃住行游"经济收益数字的年度化增长。"民以食为天"也在影响和加快整个社会餐饮服务行业的推陈出新,更是给一贯以服务标准高、美食出品品质高、装潢高大上为优势卖点的酒店餐饮服务业带来不少的新课题。

在酒店日常运营中,酒店餐饮部承担着为客人提供餐厅用餐和宴会会议接待的两大服务功能。与客房服务有所不同,酒店的餐厅和会议设施需要同时完成对住店客人和非住店客人两个消费群体的服务,因此服务面更广泛和开放,由此带来更多的一些社会性定位。客人的多层次化和流动性与餐饮服务的短暂性和一次性等特性相结合,对餐厅服务人员从迎宾、点菜、上菜、桌面清洁到结账送客整个服务流程的接待礼节、服务意识、沟通能力等诸多环节提出了更高的要求。

酒店餐饮会议服务看似简单的工作里隐含着复杂的程序步骤,每一台餐桌服务都会如单曲循环一般重复着铺台布、摆餐具、介绍菜单和菜品、上菜撤盘、邻近静观、随时服务、打账单、结账开发票、送客人等服务内容,如果是住店客人还可以选择确认账单后挂入房间总账的选项。在大型会议和婚礼宴请场景下,不同类型会议与宴会就需要对应各种各样会议专用桌椅和餐桌椅的摆放组合,配套不同的餐具和器皿、便笺、笔和重要来宾的名牌等;必要时还要依据客人的要求利用会场的格局进行多次场地内的布局摆放调整,如大型会议结束后将原场地迅速改为晚宴场地。不同规模会议对于会场的场景要求也各异,需要配置不同的音响和视频设备、灯光效果、会议中间的茶歇,以及服务人员等。酒店运营中每个餐厅的营业时间和其他宴会会议同时或穿插进行可以说是家常便饭,对餐饮部服务人员的综合素质、食品物料采购、菜品出品,特别是保障服务所需要的服务人员安排及管理带来相当大的压力和挑战。餐饮部经理需要考虑如何在保证服务质量和减少投诉的情况下,去增加客人与酒店的黏性和对酒店的忠诚度。

酒店经过近几十年的发展变革,与传统的社会大众餐饮相比,丰富而具有不同地域特色的早餐、便捷的客房送餐、不同场景和规模的宴会会议组织接待服务能力,或许是仅存不多的差异化优势。如何融入社会化元素并利用好各种平台和渠道收集的数据、抓牢人员绩效管理和成本控制、做好资源与能源管理、以数字化服务及管理手段来提升核心竞争力已成为酒店餐饮部管理者必须直面的问题。

二、酒店餐饮和会议数字化的主要应用场景

(一)酒店餐饮数字化应用场景

随着人们对各种美食追求的不断加深,社会餐饮业越来越时代化的同时也越发向着新奇特而个性化的方向发展,这种趋势使得酒店餐饮行业开门迎八方来客的坐店经营模式受到冲击,影响结果更加现实地体现在了营业收入上。

通常来讲,酒店餐饮收入的大部分营业额来源于酒店客人的早餐、各种类型会议和宴会等营业项目,而增量部分中最大的利润来源就是进入餐厅用餐的散客,即看着餐厅菜单进行点菜的人(俗称零点客人)。因而利用好数字化手段来有效吸引和抓住酒店住店客人和非住店食客两部分的潜在消费客源群体已然迫在眉睫,酒店内布放了多点覆盖的信息发布系统随时可以吸引到在酒店中居住和逗留客人的眼球。在大堂显著位置的电子大屏幕里播放的餐厅和菜肴视频短片、客用电梯里的小屏幕广告视频、酒店房间内互动电视的酒店专有频道和电视屏幕下方的文字流播信息等可视化媒介无处不在地吸引着客人的注意力,客人可以随时随地通过扫描每个广告载体上的二维码信息来关注酒店以了解餐厅更多菜品和优惠信息。

对于非住店客人的潜在消费群体,酒店运用社会化的思维模式制作出图文并茂的

酒店餐饮的数字化应用

宣传文稿和带有特色菜制作过程的短视频,投放到企业抖音号和微信公众号,通过发起员工分享微信朋友圈的方式等自有传播渠道;或是利用第三方商家 App,如大众点评、美团、小红书等现代新媒体平台,通过吸引公众的点击和关注来进行一些客户信息资源的收集;还可以通过酒店公众号和视频号有奖问答、抽奖领券等互动方式增加粉丝、扩大引流量;通过与美食类达人合作,开展精准直播和粉丝福利活动,打造"爆款"网红餐厅概念带动扩大知名度。

在 5G 网络和酒店无线网络全面覆盖的加持以及云技术支持下,餐厅收银系统与平板电脑相结合实现了移动化点单和菜单浏览可视化,每道菜品的精美图片配有烹饪食材的解析内容完胜传统而略显老旧的印刷体菜单。餐桌上附带的扫码点单功能为客人提供了自助点单、在线查看清单、快速会员查询和快捷结账的一条龙服务。服务员使用平板电脑可在移动中同时完成多个餐桌客人的加菜、打印账单、信息查询的服务,既优化服务员的工作流程,提升了服务员的效率亦方便了客人与服务员的互动,减少了服务沟通中容易产生的误会,提升了客人用餐过程中的体验感。

(二)酒店会议数字化应用场景

在酒店行业中,大型中高端酒店因特定的建筑结构和高星级评定要求,都会设有一定数量的宴会会议场地和专属楼层区域,这也是酒店区别于社会大众餐厅的一个优势所在。婚礼宴请、各类发布会、时装秀、大型年会等规模不同,场景也不相同,来宾的想法、要求和标准自然也会众口难调。因此,除专业化与高效组织能力之外,系统而数字化的应用也是酒店赢得更多市场的前提和保障。

酒店的综合信息发布系统每天会自动精准派发信息到每个传播平台,在宴会会议区域每个场地入口处安装的不同尺寸大屏幕显示器上,有婚宴新人的欢迎问候和视频剪辑播放,有会议内容及企业信息显示,有大型论坛主题与会议议程播报,这些信息与酒店大堂大屏幕滚动发布的信息相互呼应,提醒着每个会议主办方和与会者对号入会。为确保会议间不出现网络的相互干扰与不明侵入,酒店网络宽带管理系统为不同主题和规模会议所需网络环境保驾护航,通过智能控制分配每一会议场地的网络带宽值来优化网速和进行用户接入安全认证;在一些特别的行业峰会中,与会者通过扫描二维码实名认证加入会议,增加了安全性,减少了人工签到环节,在线数字化问卷互动环节既方便收集和统计与会者的反馈意见还能加强与会者的参与感,为会议主办者带来更多有效的数据与资源信息。

AIoT 技术支持下的智能场景控制不仅为酒店客房提供了科技体验感,在各类型会议宴会中也有应用空间。网络的互联互通将会议区域各场地空间的音视频设备、智能化楼宇控制设备等整合至一个平台,对每一个设备做初始化登入后就可以实现在线控制,也可为酒店的固定资产记录提供部分参考信息。统一的管控平台在具备自动开关的基本功能的同时可以赋能能源管控,最大限度降低人工看护设备的疏漏,可以实时在线监控设备使用问题以及做设备预维护事项提醒。管控平台根据系统预置的数据和时间设定,在宴会会议开始前连接灯光、音响、空调、窗帘、幕布、投影仪、麦克风等设备,做好各种设备使用前的预热和调试准备。在婚宴场景预先设置模式中可以设定好跟随音响效果自动营造不同灯光氛围,按中式和西式不同的仪式和新人着装同步不同的影像视频播放背景来衬托气氛;在会议模式中,当开启播放投影内容时系统自动调暗或分区域开关灯光和窗帘来配合达到整体会议效果,也可以根据发言人的发声音量自动调节麦克风的声音效果。会议宴会期间服务员可以将场地智能导航小应用分享给与会客者协助他们准确到达和返回会场,由此解放出更多时间和精力去做好现场的其他服务支持和检查工作。一体化智能平台会对场地环境与空气质量实时保持监测,自动测试结果数值将汇总作为酒店决策如何进行环境治理改造的参考数据。

(三)数字化管理

在酒店餐饮部全力做好餐厅和宴会会议日常运营服务管理的过程中,信息数字化系统起到了非常重要的助手角色,在内部人员管理、主材配料成本管控、外部资源整合方面充分发挥了推力作用。

鉴于酒店餐饮部具有餐厅服务和会议服务支持的双重任务,所以相对准确预估服务员的数量和安排班次是保证服务品质的关键,餐厅收银系统(POS)中提供了服务员开启餐台数量的数据记录,从中可以推算出翻台率,从用餐厅营业时间内同时服务的用餐客人数和翻台率可获知服务员的实际工作量,而这些基础数据可以作为员工绩效考核的参考依据。同时利用当班员工数和所有客人用餐桌数可以准确得出人工比推算最低用工人数,综合所有开餐餐厅的用工数据能够大致规划出餐厅服务员的人数需求。同时,酒店餐饮部可以通过合理分配时间,采用弹性工作制和多时段错时上班的手段同步控制员工人数的增加,达成编制总量控制的目的。

酒店宴会销售系统提供的所有会议宴会预订信息实时更新和预测报告,保证了餐饮宴会负责人提前对相关预订信息的全面获取,数据精确地给出了宴会和会议的人员规模、会议形式、场地使用时间信息,特别是有用餐需求的人数和用餐标准等。销售预订信息预测报告同时也是一项销售及宴会员工的绩效依据。根据所有确认的婚宴、会议或团队客人午餐、晚餐的标准和规模,餐饮收银系统的分析数据可协助餐厅厨师长给出几份大致的宴会菜单,以邮件形式发给客人参考和确认,其中涉及中餐、西餐、少数民族餐等分类;客人确认后按照制作特色菜品的主材、辅料、配料等分配比例录入系统,可以自动生成一份各物料的明细数量清单给到招采部门提前开始外部采购预订。此数量是厨房成本核算和酒店会议销售包餐价格的内部分拆基础数据,更加是酒店餐饮收入和成本核算中一项重要参数。

参照宴会销售管理系统给出的宴会会议日期、数量和规模预测报告,餐饮部负责人可以预先做好人员安排,在酒店餐厅宴会自有员工全部上岗的前提下,提前预订第三方人力资源服务公司的外派服务员给予临时支持，用于大型宴会会议现场桌椅摆放和清撤、会场内的客人引领服务、菜品类物品的传递等少量面对客人的工作任务。

综合利用宴会销售管理系统给出的会议成本对比分析，酒店可以将宴会会议的会场支持和设备维护等部分工作做服务对外承包，从而减少招募此类专业人员的编制而为餐饮部整体成本控制增加一个做减法的选项。

主要术语

1. 酒店宴会销售系统（Sales and Catering,S&C）：是酒店销售与宴会部门日常工作中所使用的重要辅助工具，可以帮助销售和餐饮部门全面掌控和跟踪酒店所有会议宴会的预订信息和收入预测情况，对酒店当前和未来餐饮宴会收入与人财物成本分析起到数据收集与分析的强有力支持。若能实现宴会销售系统与酒店前台管理系统（PMS）和中央预订系统（CRS）的实时数据对接，在完美实现数据共享的同时也能为酒店集团化发展提供平台基础。

2. 餐饮收银系统（Point of Sales,POS）：由智能硬件和系统软件组成，主要用来配合酒店餐饮部门日常工作的信息数字化管理系统，利用图文并举的形式对工作流程做了系统化和精细化的完善，在进行酒店餐饮宴会收入管理的同时也提供了更全面的数据统计和分析能力。可与酒店前台管理系统（PMS）配合使用，并通过系统间的数据接口进行实时数据对接，记录住店客人在酒店的一切消费。

酒店的餐饮及宴会部门在日常接待客人的经营活动中具有两重功能，一个是基本功能即按照客人的要求和需求提供优雅的用餐环境、美味佳肴和优质服务，另一功能则是为客人提供一个高端的社交场所。酒店的餐饮与宴会素来具有国际化、个性及定制化和服务专业化的特性，这也是其区别于绝大多数社会餐饮的独有价值。

融入数字化的应用和管理方法，加强对客人数据的收集统计与分析，将使酒店对客人的口味、喜好有更多客观的了解，令酒店餐饮宴会业务的新媒体数字营销有的放矢。针对不同客人消费群体和服务需求，酒店在调整人力资源、服务培训和物品采购等方面有更多真实数据，大大减少人为决策和额外成本支出。同时，在不同的服务界面和环境下增加与客人的互动和交流，提升酒店的知名度，让酒店更具竞争力。

训练题

一、自测题

1. 酒店的餐饮及宴会可以借助哪些数字化方式实现更好的拓展？
2. 酒店的餐饮收银系统有哪些核心功能，哪些功能更符合数字化发展？
3. 酒店的前台管理系统、餐饮收银系统和宴会销售管理系统三者的关系是怎样的？
4. 练习制作一个餐厅服务客人的流程导图。
5. 练习测算出一个餐厅的服务员编制，并思考如何进行优化。
6. 酒店餐饮部的数字化对于运营和成本的帮助体现在哪些方面？

二、讨论题

1. 如何看待未来数字化的酒店餐饮和大众餐厅的竞争与发展？
2. 酒店餐饮宴会在数字化建设发展中可以产生哪些吸引力和延展性？

三、实践题

1. 对数字智能化控制在酒店宴会会议中的应用进行调研，将调研结果在课堂上进行小组演示讲解。
2. 对餐饮收银系统和宴会销售系统的应用进行调研，将调研报告在课堂上进行小组演示讲解。
3. 对第三方人力资源服务公司在酒店餐饮宴会外派服务中的使用情况进行调研，将调研报告在课堂上进行小组演示讲解。

任务4　酒店人力资源数字化应用场景

一、酒店人力资源管理综述

中国旅游酒店行业近十几年的快速发展，特别是各品牌连锁酒店集团的加速扩张开发，每年都为酒店行业新建及新开业酒店的数字带来强势增长。而在这些外力因素的影响下，酒店行业人力资源部门在人才流动与招聘、专业知识培训以及人力成本管控等多方面所面临的问题，已成为酒店管理决策者们面临的除提升酒店经营效益外不可小视的问题。

传统意义上的酒店人力资源管理部门一直以来都是酒店与各级员工之间沟通的桥梁，起着酒店与员工间的内部管理润滑剂和助推器的作用。人力资源部门作为酒店经营管理团队中重要的后勤支持组成部分,为酒店各个部门从事大量的事务性工作已经成为日常。它需要协同总经理与酒店各营运部门领导商讨确定管理组织架构和员工整体编制预算,时刻保持与员工的互动和确保员工守则的必要完善与坚决执行,不定期地在外部协作渠道更新员工招聘信息,处理完成日常的员工入职离职手续,核定和发送员工月度工资和福利,与运营部门分别商谈所属员工的培训和发展计划,完善奖惩制度与绩效评估方案,提交酒店决策管理层定期或临时需要的各类统计报表,等等。人力资源管理同时还需要兼顾与员工息息相关的考勤记录、休假审核记录、家庭生活和员工突发事件等大事小事。日常的人文关怀与矛盾疏解,安排处理酒店在淡旺季时期的人力资源调配等,种种繁杂的工作在一定程度上也令人力资源管理顾此失彼或是忙于应对挑战。

酒店行业的竞争不可避免地带来了从业人员的内外部竞争,面对这些压力和挑战,酒店人力资源管理部门需要想方设法地吸引外部人才的加入、留住现有人才和加强人才培养,从而实现人才为我所用、员工与酒店荣辱与共的双赢目标,积极有效地传递"以人为本"的企业文化,与酒店各运营部门共同建立起企业的核心竞争力。因此酒店投资建设一套数字化的人力资源管理系统不仅有助于提高工作效率、提升员工的体验感和忠诚度,还有助于酒店人力资源专员们把更多精力投入数据研究和规划方面,在人力资源成本控制和人才优化管理的层面拿出有力而可靠的数据分析,扮演好酒店决策管理者的得力助手的角色。

二、酒店人力资源数字化的主要应用场景

(一)高效的自助平台

在酒店进行全方位信息数字化系统平台建设的大环境下,酒店可以同步完善人力资源管理的系统工程,即将人力资源管理系统与酒店自动办公系统、后台财务管理系统使用数据接口进行对接,从而实现酒店在人力资源管理、内部协调办公、财务数据处理上的实时无缝互联互通。利用5G和全覆盖的无线网络配合移动智能终端,将原有的半自动化办公完全升级换代到可移动的综合办公,大大提高了工作效率也提升了使用者的体验感。

升级整合后的系统完全支持在任意电脑、手机和平板电脑进行登入,为实时系统维护提供了便捷,实现了人力资源数据的 7 天×24 小时全天候实时查询和更新。新员工通过使用自己的用户信息安全登录并自助完成填写或修改个人信息表来快速办理入职申请,减少了静默等待时间,提升了第一印象;在职员工可以随时查询自己的劳动合同内容、试用期、工作期限、工资收入情况,自助提交假期申请等一般事务;老员工还可以

数字化的
酒店人力
资源管理

通过查询自己在酒店工作期间的全部培训记录、考核记录、岗位变化等信息,全面清晰地回顾自己的成长历程,这也有助于加深与酒店的感情。员工的部门负责人可以通过调取员工的各项历史记录,综合、客观地评判每个员工的个人表现和培养方向,对于员工的升职加薪奖励作正确的决定。

人力资源管理系统的预置功能可在酒店规定的时间期限自动提醒人事专员合同将到期的酒店员工情况,督促人事部门及时完成与员工的续约或解聘的工作流程,降低酒店和员工的误会和矛盾;逢员工生日和入职纪念日,系统会自动发送祝福邮件和推送短消息给员工和提醒管理层,及时的问候体现出酒店对员工的人文关怀。酒店员工在内部的转岗调岗流程也可以同时在线完成,减少沟通和相关审批环节,提高了时效;而对于犯有严重过失或给酒店造成损失等非正常原因离职的员工系统也会做特殊记录处理,做到数据保密同时有据可查。

薪酬管理在人力资源管理中是一个复杂而重要的工作环节,自动化的在线数据收集和智能算法下的薪资计算一键通功能,基本上消除了传统工作方式对人事专员的人工依赖并且在很大程度上提高了结果复核的准确率,取代纸质工资条的电子工资条也将自动通过邮件形式发送至每位员工,节能环保也符合人人保密的原则。

(二)多维度数字化管理

酒店人力资源部是为酒店全体员工提供全方位服务的部门,也是协助酒店管理层和部门做好员工日常管理的帮手,人力资源管理系统所支持的集酒店工作证、上下班打卡和员工用餐于一体的"一卡通"解决方案,可以做到精确地收集每位员工个人信息资料、到岗考勤情况和用餐数量的数据,为酒店系统化计算员工工资、核算加班补贴、合理安排员工宿舍、测算后勤支持成本提供实时而精准的数据,方便用作酒店管理层在节流方面决策的参考。

只要酒店行业存在竞争就需要去正视员工的流动问题,对新员工进行专业培训和初期素质考核,对老员工的专项培养计划,都是保证酒店人力资源正常血液循环的必要环节。人力资源管理系统通过建立在线实时培训学习平台(E-learning)替代传统的需要固定时间、预定场地与召集人员的低效能方式,将酒店的常规知识培训内容、各部门流程及重点案例的培训内容、行业专业素质培养等分类素材内容以文档、幻灯片或小视频等不同方式展现出来,新入职员工和老员工可以根据自己的需要随时浏览和学习,平台可以提供在线自助答题考核和智能评分,同时还会设置一些常见问题的答疑互动内容,酒店各部门负责人也可以随时查询自己员工的培训及学习进度,做到有效果地培训和有目的地培养。

人力资源管理对酒店客房部和餐饮部两个用人大户营运部门的人力成本控制,对酒店整体成本管控的效果好坏和酒店能否实现赢利起到决定性作用。酒店客房部

7天×24小时全天候的工作环境,附加餐饮部特色餐厅和宴会会议双重工作性质,处处都需要更多的员工来完成规范化的服务工作,加上酒店行业淡旺季经营的特点,精确控制人员编制宛如一份试卷。依据餐厅收银系统提供的餐厅会议翻台率和人工比的数据参数和客房各类房型清扫时长的数据参数,人力资源管理系统可以给出相应的推算分析结果,管理层可以得出需要的最低用工人数和最高用工人数,同时可以清晰获知计件、按天计时、按周计时等方式下人工成本的变化,以上的综合数据分析结果可以帮助管理层给出采用弹性工作制或多时段错时上班等多样灵活用工方式的决定,为是否与第三方人力资源服务公司合作,如何合作和利益结算方式等问题的决策提供了判断依据。

酒店管理层可使用人力资源系统在线实时收集数据并对其进行批量分析和再利用,完成对优秀员工的全方位审查,有针对性地制订出合理的可实施的人才发展计划,相关数据也可作为员工升职加薪最真实和客观的证明材料,避免了以往习惯性拍脑袋和主观判断所带来的弊端。管理层根据实时数据可以有效而及时地跟进和审视酒店当前运营管理中发生的关乎人力和财物的经营问题,随时通过系统完成无纸化的自动审批流程。

 **主要术语**

> 1. 人力资源管理系统(Human Resources Management Systems,HRMS):人力资源管理系统是酒店用来做好员工综合人事管理、薪酬体系建设、酒店内部管理制度制定与执行以及跟进追踪的综合管理服务平台;其中员工整体信息数据的收集、存储及分析功能,对酒店的人力成本管控和更全面的绩效管理起着强有力的辅助作用。可以通过将其与酒店的后台财务管理系统和智能办公系统互联对接,达到对酒店人财物的全面而有效地管理。
>
> 2. 办公自动化(Office Automation,OA)系统:指助力企业完成无纸化和全自动办公,从而提升整体工作流程化的高效协作系统。系统板块化地支持了酒店在日常经营中的综合信息管理,内部审批流转以及第三方系统平台的对接任务功能。
>
> 3. 在线学习平台E-Learning:指酒店用于员工培训的自助学习平台,支持员工通过个人的登录信息在任何智能终端、时间和地点安全使用。酒店人力资源部门将不定期更新和上传相关内容,包括但不限于酒店的实时新闻、制度政策、服务规范和各业务部门定制的音视频专业培训内容,系统将记录员工登录信息、学习过程和其他各项数据。

任务小结

酒店作为社会服务行业的一个版图,是社会大众群体"吃住行游购"五要素重要组成部分,经济快速发展带来的行业扩充速度加大了从业人员的优胜劣汰和区域性流动的速度,行业发展带来的升职加薪机遇同样让更多的年轻人跃跃欲试。人力资源管理部门在酒店中具有管理职能同时具有支持服务运营部门的职能。加强进行信息化建设和数字化平台的应用,能使企业在应对大量的员工信息管理,各部门运营环节的费用成本控制,提升员工素质与绩效优化,日常经营与管理的数据收集、统计和分析等主体业务范畴中的大量问题时,大幅减少人力资源的介入和消耗,同时提高准确率和完成率;在员工素质培养、专业知识和技能培训、对企业文化和工作使命的认知方面同样起着不容小觑的支撑作用。

训练题

一、自测题

1. 酒店人力资源管理系统有哪些主要功能?
2. 人力资源数字化管理体现在哪些方面?
3. 酒店人力资源管理系统、财务管理系统和自动办公系统连通带来哪些优势?
4. 构思完成一份人力资源管理部的工作内容导图。
5. 练习编制一个酒店员工的职业规划。

二、讨论题

酒店人力资源管理数字化对于酒店各部门和员工具有哪些吸引力和帮助?还有哪些改进和扩展方向?

三、实践题

1. 对酒店人力资源管理系统的应用进行调研,将调研结果在课堂上进行小组演示讲解。
2. 对酒店人力资源管理与其他系统的数字化整合应用进行调研,将调研报告在课堂上进行小组演示讲解。

任务5　酒店财务及供应链数字化应用场景

一、酒店财务及供应链管理的工作内容

酒店财务与供应链是酒店数字化运营的核心模块之一。酒店财务工作的内容包括记录酒店经营活动中的销售客房及餐饮两大产品形成的收入过程;针对酒店客房、餐饮及办公用品等酒店物资采购形成应付及统计工资、费用、成本等要素;定期向管理者提供酒店经营数据,辅助酒店总经理等管理人员决策。简单地说,财务管理的内容主要包括厘清应收、应付、预算、资金、总账、固定资产等。酒店供应链是保证酒店物资正常供应以维持酒店业务的正常开展的工作,包括客房用品、酒店设备及餐饮物资的采购,供应商评估,库存收货、发货及盘点管理等工作内容。通过对财务及供应链的有效管理,能使酒店的经营活动获得更大的经济效益,从而促进酒店持续正常运营。

酒店财务管理工作的主要内容如下:

(1)应收账款(简称"应收")流程:主要是指客户通过酒店前台系统预订入住并在酒店消费餐饮或购买其他酒店衍生品而产生的收款流程。

(2)应付账款(简称"应付")流程:主要是指酒店采购运营必需的物资及办公设备等以维持酒店正常运营所产生的付款流程。

(3)分账结算流程:是指酒店与为酒店服务的第三方在线分销渠道(OTA)、差旅平台(TMC)及线下代理商进行的各种销售佣金的分账支付流程。

(4)预算流程:主要是指酒店制定与回顾月度、季度、半年度、年度预算的流程,以及监测酒店经营实际与计划数据偏离的健康度等流程。

(5)库存管理流程:是指酒店物资入库、领用出货,及定期盘点(包括月度、季度或年度库存盘点)等流程。

(6)供应商评估流程:是指酒店对提供酒店物资的供应商全面评估的流程,具体指对公司资质、财务状况、商品质量、交货准时率、退货率、付款周期等,结合一定的评估权重给出供应商的选择评分,以保证供应产品的质量、价格及效率。

二、酒店财务与供应链管理数字化的主要应用场景

在整个酒店的财务管理和供应链管理环节,涉及的单据凭证品种繁多,如采购申请、采购订单、销售订单、发票、对账单等。酒店相关工作人员的对内和对外工作十分繁杂,特别是对账流水很容易出错。因此,酒店财务管理和供应链的核心流程有非常多的

数字化应用场景。在这个领域,与数字化运营相关的领域包括财务业务一体化记账、自动化流程机器人、供应商评估等。

(一)财务业务一体化记账

长期以来,酒店的业务和财务工作是分开的。在酒店数字化转型中,将酒店业务发展与酒店财务管理相结合,业务和财务融为一体(简称"业财融合"),从企业的整体去思考业务开展是否符合酒店发展的目标是酒店财务数字化运营的方向。酒店财务业务一体化记账是酒店业财融合的关键体现形式。

酒店财务业务一体化记账是指酒店利用信息系统将业务运营端与财务端高度集成融合,进行自动化财务核算的过程。主要作用就是通过数字化减少凭证的传递以及减少财务的手工操作步骤。图 4-8 展示了酒店的业财融合一体化记账流程,包括酒店的租赁销售、前台销售、布草洗涤、能耗登记及其他成本计提等业务运营,通过系统集成实现业财融合,自动产生财务应收、薪酬、应付等凭证,最后通过财务核算形成总账。

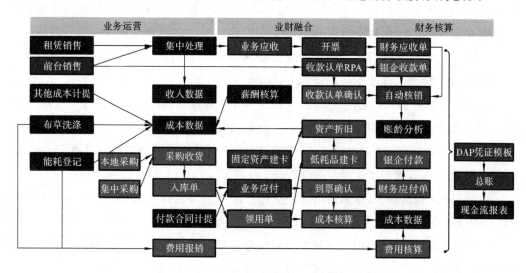

图 4-8　酒店业财融合一体化记账流程

随着互联网技术的不断发展,用户对在酒店的服务体验及对服务要求的响应速度要求越来越高。例如,当客人从线上预订酒店客房时,酒店网站需要能够提供实时房态和房价的查询,并能够提供在线支付功能以确保房间的预留。客人在酒店入住期间,酒店内的各项消费能够实时计入账单,以便客人随时了解住店期间产生的消费数据。当客人退房时,实时账单已经准备好,并在客人支付后可以立即开具电子发票。然而,目前大多数酒店的财务操作还是比较传统,需要等客人退房结账后,酒店前台汇总并提交数据给财务部,然后财务部相关工作人员才能在财务管理系统里做收入和成本的确认。到了月底,财务部门和业务部门工作人员会与所有外部销售渠道进行交易数据的对账,如果数据有出入,则要从原始单据开始核查。对账完成后,财务部再一一进行财务分账结算处理,并将费用支付给相应的合作渠道。其间步骤与流程重复,经手部门和人员众多,很容易因为人为失误造成数据出错。

综合上述,酒店的财务管理流程必须通过数字化进行改造,对内提高工作效率,对外提升客户体验。财务业务一体化记账可以实现从预订到入住形成预付、在店内消费形成应收、退房付款后形成销售收入并直接生成财务凭证,同时生成对各利益相关方的应付、成本及支出的分摊数据。酒店通过业务全流程的数字化去实现一体化记账,就避免了重复的单据传递、重复的凭证输入。并且,它还能在客人在线预订、店内消费及退房结账的全消费流程中直接自动形成对应的财务凭证,实现单单相符、单单相连的效果。

在供应链管理方面,酒店传统的业务流程也可以进行数字化改造。需求部门的采购申请可以直接转化为采购部门的采购订单,并进一步转化为供应商的销售订单,酒店收货就会立即形成应付账款,再按照付款条款进行及时支付后会同步在财务端形成财务凭证。业务全流程的数字化运营可以提高供应链业务的协同度和透明度。数据实时共享,减少了数据重复录入的错误率,使得业务数据与财务数据之间不存在不一致性,每一笔采购业务都可视和可追溯。

(二)自动化流程机器人(RPA)

现阶段,基于很多酒店对内部管控和财务核算准确性的要求,酒店财务工作人员需要对很多业务数据进行审核,例如房价、收款方式、发票开具等。另外,酒店营业收入凭证、费用报销付款凭证、收款凭证等工作目前还是以手工操作为主,从记账到报账,工序多,又基于手动录入,标准化程度低,准确性也缺乏保障,需要耗费财务部工作人员大量的精力和时间。更重要的是,这些工作内容重复、工作量大、技术含量低,导致负责上述工作的人员缺乏成就感,工资也不高,从而造成频繁流动,影响了工作质量和准确性,造成了很多潜在的隐患。

伴随人工智能等技术的发展,数字化运营为酒店财务管理工作提供了新的动力、新的思维和新的方法。酒店财务数字化运营就成为提高酒店财务部工作效率和质量的有效途径。自动化流程机器人(Robotic Process Automation,RPA)开始在酒店财务管理工作中得到应用。RPA 是基于流程的自动化技术,用软件机器人代替人工,实现业务处理的自动化,它用"模拟人"的方式进行业务操作,帮助企业处理重复的、有固定规则的、烦琐的流程任务。例如,RPA 可以帮助酒店财务部进行如下替代人工的工作:

(1)RPA 可以自动登录酒店 PMS 系统,进行数据收集和下载,对数据进行整理,并将整理后的数据以标准模板的形式传递给下一个自动化流程。

(2)RPA 可以对费用报销流程进行自动化处理。它能够自动识别员工上传的报销单据,对发票真伪、是否重复报销、是否符合报销标准和预算控制进行审核,并在审核后

RPA 在餐饮行业的应用场景

自动提交付款审批,审批后自动付款并生成付款凭证。

(3) RPA可以替代人工实现采购付款的自动化操作、银企对账流程中的自动化操作、纳税申报的自动化操作等多项之前需要人工操作的烦琐工作任务。

简而言之,RPA可以帮助酒店财务对数据进行自动化的收集、整理、传输、保存、输入、上传,实现会计核算、资金管理、税务管理、预算管理的自动化操作,使得酒店能够构建一套集核算、管理、控制、决策功能于一体的财务信息体系,实现有效的业财融合。

(三)供应商评估

酒店从筹建到运营都需要众多符合要求且可靠的供应商。对供应商的评估工作十分重要。酒店可以构建基于数字化运营的供应商体系,实现数字化协同管理,降低企业运营风险和潜在损失。整个供应商的生命周期管理包括寻源、认证、维护、评估、退出五个阶段。其中关键阶段都可以使用数字化技术提高工作效率和实现管理目标。

1. 寻源和认证阶段

酒店可以利用网站、小程序、第三方平台工具采用供应商招募、供应商外网注册、内部供应商推荐等多种方式寻源。在这个阶段酒店可以以供应商的工商注册信息、服务资质信息、财务业绩数据、合作案例、合作履约信息、工厂分布、产能信息、风险诉讼等数据为基础,对供应商进行初步评估。酒店可以利用大数据对供应商财务、公司资质进行筛选,通过信息技术对酒店供应商进行全方位的评估,获得供应商资质、产能、供货、履约等方面能力的综合画像。

2. 维护和评估阶段

这两个强调基于供应商执行过程对其进行全方位的评估。酒店可以对供应商的服务情况进行数字化和标签化处理,然后基于指标权重模型,构建供应商评估的数据模型。然后可以根据每笔交易数据进行数据分析,动态评估供应商。酒店供应商的评估需要及时收集供应商的财务、风险、公司治理和业务发展数据,发现异常值时能及时提示预警。

主要术语

1. 酒店财务管理:酒店财务管理是财务人员记录酒店经营收入、支出及成本,核并核算酒店经营利润,并向酒店经营管理者提供决策数据,包括酒店经营活动中的销售客房及餐饮两大产品形成的收入,客房、餐饮及办公用品等酒店物资采购形成的应付,及其统计工资、费用与成本等要素的过程。

2.酒店供应链管理:指保证酒店物资正常供应以维持酒店业务的正常运营的系列工作,包括客房用品、酒店设备及餐饮物资的采购,供应商评估、库存收货、发货及盘点管理等。

3.酒店财务业务一体化记账:指酒店利用信息系统将业务运营端与财务端高度集成融合,进行自动化财务核算的过程,其主要作用就是通过数字化减少凭证的传递以及减少财务的手工操作步骤。

4.自动化流程机器人(RPA):RPA是基于流程的自动化技术,用软件机器人代替人工,实现业务处理的自动化。它用模拟人进行业务操作,帮助企业处理重复的有固定规则的烦琐的流程任务,如财务记账及对账等。

任务小结

数字化运营在酒店财务及供应链应用中极其广泛,财务业务一体化记账可以通过系统进行业务凭证自动化登记,实现单单相符;利用RPA实现模拟财务对账,帮助处理酒店与供应商、与渠道的订单核对;利用大数据从供应商资质、交付及服务品质等维度对供应商进行评估;通过数字化技术的应用,可以解放财务及供应链人员的很多手工操作并提高工作效率。

训练题

一、自测题

1.酒店财务工作的主要内容有哪些?

2.酒店数字化转型当中需要将哪些工作进行组合?

3.RPA的作用有哪些?

4.RPA对数据的处理流程是什么?

二、讨论题

1.酒店财务及供应链中数字化应用,对于酒店各部门的员工有哪些吸引力?请试图列举。

2.请制定一套财务及供应链数字化应用场景流程图。

三、实践题

1.酒店财务与供应链的关系是怎样的?

2.找一家连锁酒店对其财务系统进行调研,将调研报告在课堂上进行展示及小组讲解。

任务6　酒店工程与安全数字化应用场景

一、酒店工程与安全管理的工作内容

酒店工程管理是指从酒店概念设计、详细设计、招标、建设、验收到运营维护的全过程,它是一个多专业混合的领域,涉及众多系统,例如电气系统、弱电系统、供暖、空调和通风系统,燃气设备和燃气探测系统,供水、排水和蒸汽设施,游泳池系统,消防和生命安全系统,照明和控制系统,楼宇管理系统,安全监控系统及视频音响系统等。因此,酒店工程管理极其复杂又对酒店的正常运营至关重要,常见的工作内容有:

(1)酒店设施设备预防性维护,包括热水锅炉检查,HVAC(Heating Ventilation and Air Conditioning,供暖通风和空气调节)设施检查,冷水储存罐、游泳池、电梯、自动扶梯、健身俱乐部和水疗设备等检查;

(2)备电系统监测,火灾报警器的安装及其监测,防火系统、电力及灯光系统的监测;

(3)督促和协调外部或第三方供应商对酒店设施设备的维护工作,确保PABX电话系统、影音视频系统、BMS(Building Management System,楼宇管理系统)等的正常运行。

总而言之,与"风、火、水、电"相关的领域都是酒店工程管理所涉及的范围。在现行的酒店工程管理中,以上大部分内容都已经或者正在向数字化进行变革。

二、酒店工程与安全管理数字化的主要应用场景

(一)酒店整体工程项目管理

酒店在开业以及运营过程都要通过酒店工程管理系统进行整体工程项目管理。在一些酒店,已经使用移动端应用软件来进行多方的协调和管理,例如相关的许可证、项目进程、预算或合同状态、历史项目记录和执行过程的完整概述,并在相关资料即将到期时通过系统进行自动更新或者提醒更新。举一个例子,酒店空调工程的合同即将到期,系统会自动将更新后的合同发给供应商,而无须通过人为操作(如图4-9所示)。借助于数字化工具,管理人员在工程管理上可以做到可视化管理。

酒店的工程管理系统通常由以下基本组成部分。

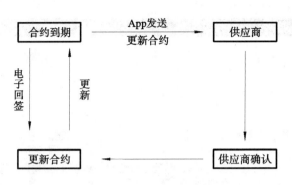

图 4-9 数字化工程合约管理

1. 监控和分析

对系统功能和使用交互进行实时监控。对系统日志进行分析,以便在故障发生前检测到潜在隐患,预测故障的发生。

2. 高度响应的警报系统

系统将根据组件故障、性能指标以及异常用户或系统行为等自动生成事件警报。

3. 警报和调度

一旦生成警报,就需要对事件进行处理。工程系统将对事件进行优先级处理,并使用合适的通信方式进行任务分发。

4. 损耗控制管理

在酒店业,从损耗控制的角度考虑应优先处理时间敏感度高的问题,例如切换到备用系统,以及处理最近发生的问题,再快速处理在接下来的几个小时内可能发生的任何问题。

5. 酒店能源管理和节能减排

酒店在能源方面的花费是酒店仅次于人力资源的第二大支出类别,占酒店运营成本的 3%—6%。酒店能源管理是对酒店运营过程中的能源使用进行管理,包括对电力、天然气、水或其他自然资源的管控,目标是节约用水、降低碳排放,使得能源能够高效利用。借助数字化技术,酒店可在能源消耗、成本效益超出合理范围的时候进行预警。例如,通过连接酒店的 PMS 系统,酒店相关管理人员可以掌握每间房的能源消耗数据,并借助系统调整能耗状态(见图 4-10)。酒店还可以通过大数据将本酒店的能源消耗数据与类似规模的酒店数据进行比较,以制定新的衡量标准。在这些工作中,物联网技术能确保能源得到更有效的利用并在酒店可持续发展方面发挥至关重要的作用。

例如,酒店可以使用物联网技术通过数字化系统对酒店客房的温度进行统一的控制,在客房内没有人的时候对通风状态进行自动调整。

酒店采用数字化节能技术通常有以下六种方法。

1. 智能温度控制

物联网和具有机器学习能力的智能 HVAC(供暖通风和空气调节)系统正在帮助

碳中和与酒店业

图 4-10　酒店能耗管理系统示意图

酒店节省能源消耗和降低成本。通过智能 HVAC 系统，酒店能分析日常能源消耗的数据，对能源消耗进行程序化控制以实现在不同场景下的温度控制。例如，在没有侦测到人员移动或者二氧化碳浓度提升的时候自动关闭或者调节空调温度。

2.空气源热泵

能利用大自然给予的自然能源是再好不过的。空气源热泵可以将热量从建筑物外部传递到建筑物内部，有效节能。

3.智能照明技术

酒店除通过更换使用 LED 灯节能外，还可以使用智能照明技术节能。智能照明技术能够根据客房实时入住率的变化而转换照明功率以达到节能减排的效果。

4.太阳能电池板技术

太阳能作为最天然的自然能源技术不仅能减少电网的能源消耗，还可以将多余的电能卖回电网。因此，酒店可以在节省能源成本的同时，获得额外的能源收入。例如，国内某酒店集团在建设新酒店的时候，全面在酒店的外墙面采用全新的内嵌太阳能电池的"窗玻璃"（见图 4-11），这种玻璃将建筑与节能——太阳能光伏玻璃幕墙融入整体设计之中，提高了可再生能源的利用效率。酒店不仅完美地把光伏技术与建筑一体化，而且将所发电力并入当地电网，在保证自身供给的同时，还充分履行了社会责任。

5.智能电源插座

酒店另外一个重要能源成本是低电力消耗，它是指电子和电器在关闭（但仍在消耗

图 4-11　内嵌太阳能电池的"窗玻璃"

一些功率)或处于待机模式时消耗电力的方式。利用智能电源插座,当设备不使用或房间无人时,它们使用红外传感器或计时器切断连接相关设备的电源。

6.智能水管理

水是珍贵自然资源,是人类生存的必需品,也是酒店正常运营的必需品。酒店可以通过数字化的智能水表监测供水管线,对酒店整体用水量情况进行控制。

(二)酒店餐饮数字化工程的应用

对酒店来说,餐饮是核心收入之一,对客人来说,一次愉悦的餐饮行为能带来难忘的体验从而提升对酒店的忠诚度。难忘的体验除了美食,还有参与美食的全过程。酒店餐饮数字化工程管理可以更好地帮助酒店实现餐饮收入目标并显著提升用户体验,它的应用主要表现在健康管理、减少食物浪费以及智能机器人服务三个方面。

1.健康管理

现在人们更加重视健康的生活方式。酒店餐饮健康管理的首要工作就是食品安全与透明度。食品安全是一个重大问题,客人对他们在酒店享用的食品质量非常在意。智能营养标签和独立的食品分级能够方便客人在选择食品时轻松做出选择。此外,区块链和使用物联网(IoT)设备的实时食品监控技术的进步使食品品牌能够提供端到端的可追溯性。酒店采用促进食品安全和透明度的数字化技术增加了酒店和消费者之间的信任,能对品牌信誉和销售产生积极影响。

例如,某酒店集团引入了一套基于 SaaS 平台的自动化餐厅的食品安全合规性软件。该系统的食品安全与健康、安全和环境(HSE)管理平台允许餐厅部署审计和检查表,自动监测食品温度,以及跟踪过敏源和有效期。此外,该技术能提供实时跟踪功能,有助于减少食物浪费。酒店利用具有追溯功能的软件管理食品供应商的证书与合规文件。这不仅加强了可追溯性,而且最大限度地降低了数据错误。

2. 减少食物浪费

酒店每天都会丢弃大量的食物。因此，遏制粮食浪费至关重要。从政府到企业，各方都开始专注于减少食品浪费，以尽量减少环境破坏并节省成本。食品监控系统能够帮助食品供应商、酒店减少食物浪费，最终达到减少食物浪费，甚至零浪费的效果。一个具有社会负责感的酒店需要对食物垃圾进行回收和再利用，以创造价值并扩大在可持续发展方面的努力，增进在消费者心目中的影响力。

某酒店集团借助于在线平台与慈善机构合作，将每日未售出或多余的食物赠送给当地慈善组织、学校和社区。在线平台负责酒店与慈善机构需求的匹配，确保酒店能收回食材成本，既避免了食物的浪费，又帮助了有需要的人。

3. 智能机器人服务

将机器人技术融入整个服务价值链是酒店餐饮数字化工程的另外一个重要应用。它可以帮助酒店提高工作效率、实现服务的一致性和规模化，同时提高客户的便利性和安全性。智能机器人可以是实体的机器人，也可以是数字化的机器人，即智能管家。机器人厨师和食品加工机器人的应用进一步推动食品机器人技术成为餐饮数字化运营的发展趋势。许多知名酒店都已经开始将智能机器人用于餐饮对客服务，并成为重复性工作性质的人工服务的有效替代品，同时节省总体用人成本。这方面的好处还有很多，一方面这样可以有效地减少人员的接触，保证传递给客人的食品是准确无误且安全卫生的，另一方面是智能机器人可以协助进行餐饮仓库存储和食品垃圾清理及回收的工作。

数字化的机器人是一种基于计算机计算的非实体智能管家，它会根据餐厅入住率设置最安全的接待人数安排，酒店管理者根据智能管家估算结果进行预订安排并管理员工的排班，提前做好人力资源计划和食品交付计划，以保持各个层面的优质服务。此外，数字化技术还可以帮助酒店通过数据采集和分析更好地了解客户对食物的喜好和对就餐位置的偏好。机器人技术正在以更快的速度和精确的食品质量控制能力提高酒店餐饮的收入。

中国酒店业近年在机器人研发和应用领域取得了长足的进展，各种大大小小的机器人出现在酒店和餐厅等服务场所。这些机器人占地面积小，安装有摄像机和激光传感器，使其即便在狭窄拥挤的空间中，也能够在没有任何盲点的情况下无障碍通行。在酒店厨房，机器人可以自主执行厨房任务，包括炒菜、冷热食物的储存、食品准备、食品清洁和消毒等工作。

（三）酒店客房工程的数字化应用

客房管理系统（Guest Room Management System，GRMS）是酒店数字化工程管理的重要组成部分。它主要通过客房控制模块（Room Control Unit，RCU）对客房进行智能控制。RCU 相当于客房智能管理"心脏"，管理着客房内所有连接的设备，如电视、空调、灯、电话、门禁等(见图 4-12)。对于住店客人来说,可以通过客房内的平板或在手机上下载的 App 或者一个特制的小程序进行客房内设备的自主操控。客房内的传感器数据与楼宇自动化系统相结合,就可以自动调节客房内的供暖、通风、电力和照明系统等数值,使得能源的使用最优化。

图 4-12 客房管理系统示意图

越来越多酒店已经部署了 GRMS。每间客房都可以由住房客人自行控制。酒店工程部或信息技术部可以对客房状态数据进行实时监控,以确保发生故障时,故障能够得到快速解决。智能化的 GRMS 具有深度学习能力,通过客人与系统的互动,系统会不断在数据中学习,以更好地了解住店客人的习惯。当一个客人在某连锁品牌的一家酒店入住,其在客房内自主设置的数据会被记录下来,在客史档案中生成客人偏好信息,并储存在云端系统。当这个客人再次光临连锁品牌另外一家姊妹酒店的时候,房间的设定就会依据客人之前设置的数据和住店偏好进行预设,包括温度、电视频道、房间氛围、设施偏好等。这样能给客人真正宾至如归的非凡体验。

(四)酒店安防数字化工程

酒店安防数字化工程指的是酒店采用数字化技术确保酒店的安全防范,做好准备和保护,以应付突发安全事故和避免其造成伤害或损失的工程项目。酒店安防管理离不开很多信息系统的支持,包括安防监控、数字对讲、门禁考勤、防盗报警、停车场管理等系统。例如,某酒店的客房曾发生一起盗窃案,客人放在房间内价值十几万的名包及部分现金不翼而飞。经过后期调查发现,嫌疑人是通过复制客人的房卡得以进入客人房间实施盗窃。这家酒店使用的是比较传统的磁卡,嫌疑人通过设备复制磁卡上的授信信息进入房间实施盗窃。此外,传统的安防监控系统采用的是模拟信号,嫌疑人通过干扰模拟信号破坏了监控系统的图像,从而给警方破案造成了极大的困难。

数字摄像机在如今的酒店安防数字化工程中起着很大的作用,它是酒店数字化安防监控系统(IP CCTV)的主要组成部分。它基于 Internet 协议,通过网络接收、控制并发送图像数据。IP CCTV 能够通过识别运动模式来获取事件、活动和指定行为,生成警报并将其发送到酒店的安全部门,还可以在酒店发生安全事故时,根据嫌疑人的特征进行智能追踪或者动态侦查。酒店安全部门可以借助于互联网从任何远程位置登录 IP CCTV 以查看安全信息和视频。

主要术语

1. 酒店工程管理:指从酒店概念设计、详细设计、招标、建设、验收到运营维护的全过程。

2. HVAC:HVAC 是 Heating, Ventilation and Air Conditioning 的英文缩写,就是供热通风与空气调节。既代表上述内容的学科和技术,也代表上述学科和技术所涉及的行业和产业。

3. BMS:指建筑设备管理系统(Building Management System),是对建筑设备监控系统和公共安全系统等实施综合管理的系统。

4. 酒店能源管理:指对酒店运营过程中的能源使用进行管理,包括对电力、天然气、水或其他自然资源的管控,目标是达到节约用水,降低碳排放,使得能源能够高效的利用。

5. 碳排放:碳排放是关于温室气体排放的一个总称或简称。温室气体排放来源多为世界重工业生产、汽车尾气等,温室气体一旦超出大气标准,便会造成温室效应,使全球气温上升,威胁人类生存。因此,控制温室气体排放已成为全人类要面临的一个主要任务。

6. 空气源热泵:是一种利用高位能使热量从低位热源空气流向高位热源的节能装置。它是热泵的一种形式。顾名思义,热泵也就是像泵那样,可以把不能直接利用的低位热能(如空气、土壤、水中所含的热量)转换为可以利用的高位热能,从而达到节约部分高位热能(如煤、燃气、油等)的目的。

7. LED照明技术：照明是通过照射特定物体或者更大范围来创造一种视觉环境，它不仅提供人类对周边环境的可视性，同时也创造照明环境的氛围的舒适性、美学与安全性等。绿色照明的提出，强调了节能与环保的理念，而LED的高效率、长寿命、无汞害、不含红外紫外辐射、色彩丰富、易于控制等特点，使之成为绿色照明领域的理想技术。

8. 太阳能电池板：是指通过吸收太阳光，将太阳辐射能通过光电效应或者光化学效应直接或间接转换成电能的装置，大部分太阳能电池板的主要材料为"硅"，相对于普通电池和可循环充电电池来说，太阳能电池属于更节能环保的绿色产品。

9. 智能电源插座：是一种节约用电量的插座，不但节电，还能保护电器，可通过Wi-Fi、Bluetooth等方式与手持装置连接，主要功能为远端开关、语音操控。

10. 客房管理系统：是酒店数字化工程管理的重要组成部分。它主要通过客房控制模块（Room Control Unit，RCU）对客房进行智能控制。

11. 酒店安防数字化工程：指的是酒店采用数字化技术确保酒店的安全防范，做好准备和保护，以应付突发安全事故和避免受害或遭受损失的工程项目。

任务小结

酒店工程管理极其复杂又对酒店的正常运营至关重要，与"风、火、水、电"相关的领域都是酒店工程管理所涉及的范围，这些领域都已经或者正在向数字化进行变革。酒店工程的主要数字化应用场景是酒店整体工程项目管理，它包括监控和分析、高度响应的警报系统、警报和调度、损耗控制管理、酒店能源管理和节能减排等内容。在节能技术方面，酒店主要使用智能温度控制、空气源热泵、智能照明技术、太阳能电池板技术、智能电源插座和智能水管理六种技术。

酒店工程管理还包括餐饮数字化工程管理、客房数字化工程管理和安防数字化工程管理。酒店餐饮数字化工程管理主要体现在健康管理、减少食物浪费以及智能机器人服务三个方面；客房数字化工程管理主要是GRMS客房管理系统的应用；酒店安防数字化工程管理离不开很多信息系统的支持，包括安防监控、数字对讲、门禁考勤、防盗报警、停车场管理等系统。

训练题

一、自测题

1. 酒店工程管理的内容有哪些？

2. 什么是智能客房管理系统？
3. 酒店能源管理的主要内容有哪些？
4. 酒店的工程管理系统基本组成部分有哪些？
5. 酒店餐饮数字化的内容是什么？

二、讨论题

1. 酒店工程与物联网的关系是怎样的？
2. 酒店工程与信息工程的关系是怎样的？

三、实践题

对酒店工程管理及物联网系统的实际应用进行调研，将调研结果在课堂上进行小组演示讲解。

任务7　酒店协同共生数字化应用场景

一、酒店协同共生关键流程

数字技术造就了一个全新的发展时代，互联网企业的跨越式发展，人工智能、机器学习、虚拟现实、物联网等新技术渗透人类生活的方方面面，数字生活成为人们的基本生活方式。在工业时代，企业管理者关注通过获取竞争优势给企业创造价值，但是随着数字技术的快速发展，酒店的基本经营环境将发生质的变化。

新的经营环境有三个特点：①数字技术把现实世界重构为数字世界；②在数字世界中，企业与企业之间可以建立链接关系；③建立链接关系的企业可以实现协同共生和价值共创。

协同共生是指企业联合利益相关者在数字世界环境中，以增效及创新为目的去构建企业内部、企业与外部以及跨界的协同共生关系，从而达到整体价值最大化的动态过程。在这个过程中，企业可以建立内部协同、外部协同以及跨界协同三种协同共生模式。

基于协同共生的理念，酒店可以建立"酒店内部协同""酒店外部协同"以及"酒店跨界协同"三种协同共生模式。

1. 酒店内部协同共生模式

酒店内部协同共生模式是指酒店的营销、前厅、房务、餐饮、人力资源、财务、供应链、技术等部门在创造各自的价值同时，又协同运营从而产生整体高效运营的效应。例如，财务部协同其他部门一起规划资金及税务，最大化提高资金的使用效率及周转率；

人力资源部协同其他部门共同建设酒店的企业文化、人才梯队、员工关怀制度等,从而最大限度地提高员工的积极性及主观能动性;餐饮部、客房部及其他部门人员在节假日、早中晚用餐高峰时段、客房高住房率阶段进行人力资源的共享利用,以达到人员效率最优化;技术部协同其他部门应用数字技术提升酒店内部沟通效果、优化流程、共享资源,从而提升酒店运营的整体效率等。

2. 酒店外部协同共生模式

酒店外部协同共生模式是指酒店与酒店业的其他企业相互协作、共享资源、共建能力,从而获得比酒店单独运作更大的增长空间和能力的模式。例如,酒店与在线旅游平台(Online Travel Agency,OTA)合作销售;与差旅管理公司(Travel Management Company,TMC)合作企业商旅产品销售;与运营会员、粉丝的私域流量公司进行在线直销的合作;与跨区域的酒店联盟进行会员互换;加入其他酒店集团或酒店的采购供应链平台,从而实现采购价格的优化;与第三方人力资源服务公司合作,招聘和培养酒店紧缺人才等。

3. 酒店跨界协同共生模式

酒店跨界协同共生模式是酒店与其他行业或领域的企业进行相互协作,共同创造出酒店业从未有过的新方法、新价值和新模式。例如,酒店与抖音、小红书等直播平台合作进行酒店产品的预售;与交通行业的企业跨界合作,进行流量互洗;与地产物业公司合作,进行资源共享和价值共建等。

综合上述,数字时代的酒店业运营正在从竞争导向往协同共生导向发展,从聚焦自身发展转向注重自身与外部结合的协同共生发展。

二、酒店数字化协同共生的主要应用场景

(一)酒店内部协同共生的应用场景

1. 无纸化办公协同共生

在酒店传统内部运营和管理中存在大量的手工操作的流程,在这些流程中,信息使用纸质媒介传递和存储的现象还广泛存在。借助于数字化技术,这些流程完全可以实现线上一体化改造。例如,财务部使用 RPA 与酒店前台管理系统(PMS)实现系统无缝对接,实现应收凭证自动化处理,有助于业财融合的协同共生关系建立;酒店各部门使用企业微信、钉钉等办公自动化系统等实现业务流程线上处理及文档线上共享协作,规范统一流程表单格式,对不同的流程与文档在不同层级设置不同的查阅和审批权限,在线实时进行业务操作处理,在实现无纸化办公的同时实现了信息的实时传递和移动端实时提醒,并节约了办公费用、提高了办公效率。

2. 基于物联网的品控管理

酒店传统的品控管理是品控与质检部门基于制定好的质量检查标准及路径,通过

协同共生
在旅游与
酒店业

人工定期检查,按设定好的评分规则给予评分并要求按标准整改。这种方式的品控管理有较大的弊端。一是人为主观判断容易出现评判偏差和随意性;二是定期检查导致"上有政策、下有对策",相关部门会提前根据检查日期和内容做好准备,各项工作在检查的时候能达到标准和规范要求,但是检查过后又回到原有的不规范状态。

借助于物联网技术,酒店可以将摄像头安装在公共空间、游泳池、厨房等特别需要检查的场所,监控系统可以 24 小时不间断地抓取动态信息画面,采用图像识别及人工智能技术,系统可以主动记录异常状态并进行预警提醒,以确保实时发现工作问题,及时进行纠错。由于数据记录不间断,人为临时准备去应付检查的难度较大,酒店品控及协同效率将得到有效提升。

(二)酒店外部协同共生的应用场景

1. 供应链协同共生

高端酒店的供应链成本大约占酒店总运营成本的 30%。各大酒店,特别是单体酒店,普遍存在对供应商选择难、议价能力弱、品质控制难、送货及时性难以保证等问题。利用数字科技,酒店首先可以与外部的酒店集团自建的供应链平台或第三方供应链平台合作,共享成熟供应链体系的产品、价格及服务。酒店可以将酒店采购系统直接与外部供应链平台集成,酒店提交的采购订单在供应商系统中直接转化成销售订单,双方按系统中的约定时间及方式进行收发货。这种数字化的对外协同提高了供应链的工作效率、订单信息实时跟踪效率,同时还降低了酒店的采购成本。

2. 自动化销售协同共生

借助于数字技术,酒店可与能接触到的渠道合作,直接将酒店产品、价格及库存数据与合作销售渠道对接和共享。当酒店销售渠道越来越丰富后,酒店可以使用营销自动化技术开展精准营销,让营销信息自动而精准地到达目标用户手机中,提升客户体验、降低营销成本,同时让营销部与业务部门更好地协作,有效提升业绩。

(三)酒店跨界协同共生的应用场景

酒店跨界协同共生模式是酒店数字化运营非常重要的应用场景之一。通过异业商业结盟的方式搭建共享平台,进行协同共生,能聚合各方优质资源,促成合作商家彼此的资源共享,吸引更多客源,从而降低获客成本,创造出多方共赢的市场效益。跨界协同共生既可以是不同行业、不同层次的商业主体的联合,也可以是同行业各层次不同商业主体间的联合。联盟的商业主体之间,既存在竞争,又存在合作。异业联盟的建立可以让合作双方找到自己的利益点,实现高效的推广、引流、拓客,达成合作共赢。

例如,某酒店集团与地产物业公司建立协同共生的关系。酒店首先通过大数据技术对住户进行分类和分析住户的需求。针对不同类型的住户需求,提供包括酒店内部产品及第三方外部产品的组合来满足住户的需求。首先,酒店与物业公司共同设定联合产品组合方案去解决地产物业费难收的问题,双方共同推出住户只要连交三年物业费则赠送酒店大礼包的方案。该方案受到了各利益相关方的欢迎,因为它不仅仅满足了住户的旅居需求,还解决酒店的产品销售问题,同时又解决了物业公司物业费难收的问题。其次,该酒店集团还借助于数字技术,在物业公司的全服务流程中寻找合适的接触点进行活动及产品线上活动的植入。物业公司通过 App 消息推送功能向下载 App 的小区住户推荐酒店集团的会员注册即有大奖的活动信息,这个措施成功将 90% 消息触达的住户转化为酒店的会员。

主要术语

1.酒店协同共生:是指酒店联合利益相关方在数字世界环境中以增效及创新为目的去构建酒店内部、酒店外部以及酒店跨界的协同共生关系,从而达到酒店整体生态价值最大化的动态过程。

2.酒店内部协同共生模式:指酒店的营销、前厅、房务、餐饮、人力资源、财务、供应链及技术等部门在创造各自的价值同时协同运营,从而促成整体高效运营的模式。

3.酒店外部协同共生模式:指酒店与酒店业的其他企业相互协作,共享资源,共建能力,从而获得比酒店单独运作更大的增长空间和能力的模式。

4.酒店跨界协同共生模式:指酒店与其他行业或领域的企业相互协作共创,共同创造出酒店业从未有过的新方法、新价值和新模式的模式。

任务小结　酒店协同共生是酒店数字化运营的重要内容,利用数字科技在酒店内部、酒店之间及跨界进行组织协作、流程协作、模式创新,从而产生整体效益或价值最大化。无纸化办公、物联网品控运营、自动化营销及跨界联盟是都协同共生的应用。

训练题

一、自测题

1.什么是酒店协同共生?

2.酒店协同共生的关键流程是什么?

3.酒店协同共生的主要表现是什么?

二、讨论题

1. 酒店协同共生对于物联网系统的影响是什么？

2. 请结合现状分析酒店协同共生对于行业会带来哪些层面的变革。

三、实践题

请设计一套与客户互动的酒店协同共生系统架构，在课堂上展示并进行小组讨论。

项目五
展望未来酒店的数字化创新

项目概述

本项目是"酒店数字化运营概论"课程中的第五个项目,学生在学习完前四个项目后,已经对酒店数字化有了较全面的了解,本项目将进一步介绍未来的酒店数字化发展趋势和酒店数字化人才的培养。学生需要在本项目完成三个任务,通过本项目的学习,学生应在总体上掌握酒店数字化创新在产品创新、服务创新、组织创新和商业模式创新上的相关知识,以及了解未来智慧酒店在数字基础建设和数字生态构建方面的基本理论,并理解未来酒店数字化人才培养在知识要求、技能要求、素质要求方面需要具备的数字化能力。

项目目标

知识目标
1. 掌握数字化创新的概念。
2. 了解酒店商业模式创新。
3. 熟悉未来智慧酒店建设的生态场景。

能力目标
1. 能够在实践层面基本应用数字创新的基础理论。
2. 能够对酒店的数字化创新做出评价。
3. 具有未来酒店数字化生态的构建能力。

素养目标
1. 推进酒店数字化创新发展与实践。
2. 培养酒店数字化创新的思维。
3. 建立酒店数字化创新的认同感,培养爱岗敬业的精神。

知识导图

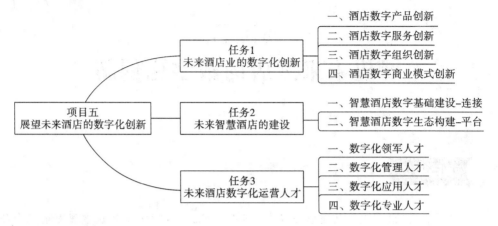

 重点难点

重点:理解未来酒店数字化创新的支撑理论。
难点:掌握未来酒店数字化创新的方向及方法。

案例导入

2018年10月,飞猪未来酒店"菲住布渴"(Flyzoo Hotel)正式开业。菲住布渴酒店是全球第一家支持全场景身份识别、大面积使用AI智能的酒店,是一家集合阿里经济体内多个团队的创新技术所打造的"新物种"。这个酒店新物种的主要突破表现在于为客人设计了六大未来生活场景:智能身份、智能连接、智能服务、智能景观、智能客房以及智能餐饮。

从选择预订阿里巴巴菲住布渴酒店的客房开始,你在传统酒店曾经体验到的很多人工服务都是由阿里巴巴人工智能控制的各类系统和机器人完成的。在手机上提前预订房间,直接在手机上或者酒店大堂的终端设备上刷脸入住。去楼层的客房的过程也是很智能化的,智慧电梯自动进行人脸识别,智能点亮入住楼层,您通过人脸识别就自动开启房门。一旦进入房间,你可以通过天猫精灵智能管家直接对室内温度、灯光、窗帘、电视等进行语音控制。如果有什么需要,可以呼叫机器人送物、送餐服务。当机器人送到门口的时候,你可以通过房间内的电视机看到门口的景象。

这家未来酒店是由人工智能技术打造的"超级大脑"来进行运营的。这颗"超级大脑"的最底层是由阿里云提供的安全和稳定的大数据服务,淘宝技术团队提供酒店整套数字化运营平台、AI智能服务中枢以及智能场景系统的研发;人工智能实验室(AI Labs)提供最新设计的智慧机器人;钉钉团队支持构建了酒店的数据运营平台;飞猪作为整体业务领衔方,协调阿里内部各方生态资源,共同设计了全链路的体验流程。

你可能会想,这个"新物种"酒店用人工智能取代了大量人工服务,会不会导致各类问题的产生,并缺乏有"温度"的服务。对此,菲住布渴的高层解释说,阿里未来酒店并不是无人酒店,酒店在大堂和楼层都配有专业的服务大使来帮助需要人工服务的客人,菲住布渴酒店希望成为酒店行业科技变革的孵化器,为酒店行业提供更高效更好体验的解决方案。同时,如果你在使用机器人服务时出现各类的问题也可以通过咨询人工大使来寻求帮助,这对于部分不熟悉智能操作的老年客人来说也是贴心的考虑。

任务 1　未来酒店业的数字化创新

创新(Innovation),根据美籍奥地利经济学家约瑟夫·熊彼特的定义,是指把一种从来没有过的关于"生产要素的新组合"引入生产体系,其目的在于获取潜在利润。这种新组合包括以下内容:引进新产品、引进新技术、开辟新市场、控制原材料新的供应来源、实现工业的新组织。数字经济时代,全球正在经历第四次工业革命,这一时期以大数据应用、人工智能、机器人技术、虚拟现实、物联网和第五代无线技术等新兴技术为标志,数字化创新意味着使用数字技术平台作为组织内部和跨组织的手段或目的来创新产品、生产(服务)、组织或商业模式。

数字化创新的概念可以概括为在创新过程中采用信息(Information)、计算(Computing)、沟通(Communication)和连接(Connectivity)技术的组合,带来新的产品、生产(服务)过程改进、组织模式变革以及商业模式的创建和改变等。在数字化创新的分类上,基于创新产出的类型,刘洋等(2020)提出可以把数字化创新分为四个类型:①数字产品创新,②数字过程(服务)创新,③数字组织创新,④数字商业模式创新。

这些新兴数字技术也已经显著改变了酒店业,因此本任务将重点介绍酒店数字化创新相关的案例和趋势发展。

一、酒店数字产品创新

数字产品创新就是将数字技术融合到新的产品中,或者原有产品被数字技术所支持从而升级为新一代的产品。酒店数字产品创新就是酒店通过数字技术应用和智能化升级,结合智能硬件和软件,为酒店数字化转型成为"未来酒店"提供一整套解决方案,从而为传统酒店提供价值赋能和智能化服务;通过集成多种设备控制、场景定制的数字科技产品,打造出新的酒店场景,为消费者提供多种智能服务,满足新一代消费者对个

展望未来酒店的数字化创新

性化住宿的要求。

在数字科技时代,酒店数字产品创新就意味着酒店业将会从消费者应用、酒店运营效率和服务体验等方面来构建更多更好的数字酒店。酒店在产品上的创新举例如下。

(一)酒店数智化的整体产品创新

在不遥远的未来,你要旅行的时候,只需要打开手机中的某一个应用程序,就可以先360°游览酒店一番,然后选择房型进行预订,在预订的同时你甚至可以选择房间。当你抵达酒店时,一台机器人员工向你问候,你无须办理传统方式的入住,不需要在前台排队,简单的人脸识别即可乘坐电梯到你的房间,用你手机中自动生成的数字钥匙或者扫描人脸开启房门。走进房间,房间内的温度、风量、灯光都已经依据你的喜好提前设置好了。客房中音箱中向你轻轻问候。你想了解一下酒店或者酒店周边的吃喝玩乐信息,只需要问床边的音箱即可,你马上就可以得到准确的答案。如果你需要预订酒店内任何服务,与房间内的智能音箱、智能电视对话或者扫描小程序二维码就可以请求服务,已经通过物联网连接的服务设备会快速响应你的服务需求。

人工智能和物联网技术正在以多种方式重新定义酒店的产品。随着云计算、数据分析和区块链的发展,AI 和 IoT 将在未来几年推动酒店产品的创新,促使酒店产品有更多受欢迎的变化。

(二)基于虚拟仿真技术的虚拟产品

虚拟现场参观已成为酒店吸引客人前来酒店消费的卖点。借助增强现实(AR)和虚拟现实(VR),酒店可以提供房间和所有设施的虚拟游览。在客人入住期间,AR、VR 和 3D 游览技术成为客人提供目的地游览的替代选项。

如果一家酒店有特定的主题,它可以为孩子们创建一个以酒店为主题的 AR 任务,他们可以通过探宝游戏来提前探索酒店。

元宇宙正在改变虚拟世界中的基础和运营方式。在元宇宙中,互联网将不再仅仅是不同网站和应用程序的集合,而是一个能够自动识别位置的 24 小时在线 3D 环境,人们从工作场所转移到社交平台就像过马路一样简单。例如,"混合式会议"(Hybrid Events)和"虚拟贸易展览会"(Virtual Trade Show)是酒店与会展行业的两个高频词。混合式会议是指将科技元素融入项目中的会议或年会;虚拟贸易展览会将基于参与者的展览会转变为一种在线体验,所有个体可以"走在地板上"和"参观展位",而不用离开他或她的家或办公室。混合式会议和虚拟贸易展览会实际上是两种会议活动合二为一——现场活动和与会者虚拟体验的融合。活动成功的关键是让虚拟体验与面对面体验一样具有吸引力和丰富性。

(三) 非接触式技术产品

全球经济环境、政治环境和新冠肺炎疫情极大影响了旅游及酒店业的服务方式。无接触服务、更加严格的客流管制成为常态。与此同时，旅行者期望舒适、无缝衔接的旅程，希望减少等待时间。因此，酒店业开始使用生物识别技术，以便为客人提供无缝体验，同时尽可能保证他们的安全。生物识别技术的优势是巨大的：它简化了手续，消除了高峰时段的客流接待瓶颈，减少了顾客焦虑，提高了安全性。

非接触式技术产品在酒店中的应用越来越多。酒店客人可以使用数字化平台与酒店工作人员交流并提出服务请求，所有这些互动都以非接触方式进行。非接触式技术产品还可以为酒店员工创造更安全的工作环境，酒店可以使用 RFID 技术为布草和洗衣管理提供非接触式解决方案，工作人员可以与脏布草保持安全距离，并跟踪库存的日常动向。

(四) 基于物联网 (IoT) 技术的酒店产品创新

Hotel Internet Services 进行了一项调查，以确定室内娱乐和技术期望的变化情况。超过 60% 的接受调查的客人表示，如果房间里有语音控制技术，他们会使用语音控制技术，近 70% 的人会将其用于恒温器和灯光等室内设施的控制。除了这种技术，67% 的客人还希望能够将个人内容从他们自己的设备投射到房间的电视上。

语音技术为入住酒店的客人带来了无与伦比的体验。客人使用语音命令来请求设施、控制电视、改变房间温度、调节灯光，等等。在智能客房中，空调、媒体设备、灯光、窗帘和其他便利设施都配备了超紧凑的物联网硬件和嵌入式软件，能够与酒店应用程序和语音识别驱动的语音智能助手进行通信，让客人轻松控制关键房间元素。酒店语音智能设备分析来自广泛来源的数据（在酒店应用程序中与客人的互动、客人的购买历史、食物偏好、存储的支付选项、水疗和便利设施的使用情况等），以提供深度个性化的体验。可供语音智能设备算法学习的数据越多，交付的结果和语音智能设备的建议就越好。此外，人工智能驱动的语音智能设备具有非常快速的响应时间，客人几乎可以立即收到他们的问题的答案，就好像自己与面对的知识渊博的人交谈一样。

二、酒店数字服务创新

数字服务创新指通过数字技术（信息、计算、交互和连接技术的组合）的服务改善甚至重构原有服务的流程框架。酒店数字服务创新总体上有三个方面的特征：第一，数字服务创新的时间和空间边界变得模糊；第二，数字技术让服务创新和产品创新之间的边界变得模糊；第三，数字技术的可重新编程性使得数字服务创新中出现许多衍生创新。

通过早期的酒店数字服务，客人可以通过互联网连接到全球的网站，这种类型的酒店数字化运营已经使用了几十年，而且非常成熟，这些是酒店的基本数字化运营；然而，这些都不能被视为对酒店客人的服务创新。新的数字服务创新必须涵盖酒店客人的生命周期，同时也将直接为酒店客人提供数字化服务，其中某些数字服务创新将为客人在酒店逗留期间提供最佳体验，使他们的住宿经历成为难忘的记忆，提供这些数字服务的酒店可以称之为"数字酒店"。

在数字酒店中，前面提到的基本数字服务有：预订、入住、退房、钥匙卡或其他安全系统的密码管理。也就是说，数字服务创新是围绕着在线预订、在线选房、一键入住、智能客控、客房信息服务、快速离店以及区域客房清洁共享的"数字酒店"的七大场景来提供服务的。

如图 5-1 所示，酒店数字服务平台建设可以实现客人、酒店员工之间的服务实时互动。

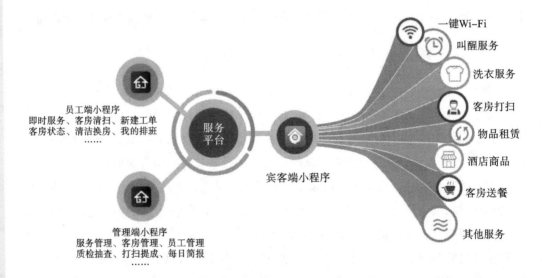

图 5-1　酒店数字服务平台

移动服务和移动管理功能是所有酒店在开展服务创新时的首要考虑因素，因为酒店业的客人基本都是智能手机和移动互联网的熟练使用者。在未来的酒店，移动互联网技术将继续成为创新的支柱。移动互联网将改变酒店的服务内涵，使得面对面的服务更加有温度和价值。酒店与客人之间隔着超大台面进行对话的方式将发生变化。由于客人可以通过移动互联网和智能手机提前办理好入住所需要的手续，前台员工在客人抵达时可以走出来，贴近客人，提供面对面的个性化问候和热情服务。前台员工的工作内容也将不再是重复性地为客人办理入住的工作，而是基于数据提前了解客人，为客人提供个性化的旅行需求建议。酒店客人在现实世界中享受酒店提供的优质个性化服务，在数字世界享受酒店提供的便捷的智能化应用、个性化的信息服务和双向互动的沟通服务。

移动互联网对酒店管理效率的提升也是显著的，酒店的管理人员在千里之外的差旅途中就可以通过智能手机查看酒店经营情况，通过远程视频会议系统或协同办公系统进行沟通和工作安排。酒店业将迎来全新的管理和服务创新模式。

三、酒店数字组织创新

数字组织创新,是指数字技术使组织结构和治理结构发生改变。数字技术的发展让人们越来越深入地理解:数字经济崛起是一个基本的趋势。数字经济在全球范围内的发展,对传统的组织模式进行了重新定义。数字化组织设计原则,是数字技术不断融入组织的各个领域,彻底改变组织与顾客、组织与员工、组织与行业、组织与社会的互动方式,将现实世界与数字世界的边界打破,令二者融合在一起。数字创新有多种形式——新产品和服务、更高效和更具影响力的运营和流程,甚至完全不同的商业模式。但是,这些创新要扎根并蓬勃发展,则需要一个具备数字能力的组织来使它们发挥作用。例如,如果酒店无法吸引客户并以数字方式访问数据,那么酒店为客户旅程设计的新产品将毫无意义。如果没有互联组织,互联汽车的功能将无法运行。除非公司具备处理来自物联网的数字数据的能力,否则工业设备的自动化服务将无法运行。数字创新和数字组织相互依存、相互交织。

数字组织建立在一组设计原则之上,这些原则是:

(1)以顾客为中心。他们将业务的各个方面都集中在客户需求和愿望上。

(2)敏捷。他们在决策制定和资源分配方面都坚持较短的响应和实施时间。

(3)实验性的。数字组织的商业模式促进实验;它们旨在尝试、失败和快速改进。当某些东西起作用时,它们会迅速扩大规模。

(4)精益、简单和标准。他们渴望拥有标准化的结构、单位和流程,以及明确的角色和职责。简单性是决策中的核心考虑因素。

(5)专注于卓越运营。数字组织倡导效率、精益技术、有竞争力的成本结构和持续改进。他们保持高度的组织纪律。

(6)授权和负责。他们授权管理者采取行动;他们监控绩效并追究管理人员的责任;他们专注于少数简单明了的 KPI。

(7)跨职能。他们的团队有目的地结合所有相关类型的专业知识,包括数字和特定业务。数字组织避免了功能孤岛,可以轻松共享想法、专业知识和数据并采取行动。

从原则到实践,数字化对许多行业的影响仍在持续,公司继续努力解决如何将数字化原则纳入组织实践,包括创新。然而,在我们与客户的合作中,我们开始看到一条通向成熟的共同创新的组织发展途径。

四、酒店数字商业模式创新

在酒店的商业化的过程中,数字技术的嵌入改变了商业模式,被称为酒店数字商业模式创新,我们可以理解为用数字技术来改变酒店价值创造、价值获取的方式,即改变酒店的商业模式。伴随着数字技术的快速发展,行业竞争正在加剧,更多敏捷的初创企业利用数字市场的低准入门槛,进入由现有企业主导的行业。酒店行业也面临着数字商业模式创新,例如 Airbnb 就利用互联网以及移动互联网的平台技术,通过共享经济模式对现有传统的酒店运营模式提出了巨大的挑战。

酒店进行数字商业模式创新的业务策略,可以考虑在不改变现有商业模式的情况下,通过数字技术来增强酒店与客户及其他利益相关者之间的交流互动;同时还可以采用数字技术来拓展现有的商业模式,譬如数字技术可以帮助酒店开拓新的细分市场、拓展市场分销渠道等;还有就是通过数字技术来整体改变现有的商业模式。

主要术语

1. 创新:经济学上,创新概念的起源为美籍经济学家熊彼特在1912年出版的《经济发展概论》。熊彼特提出,创新是指把一种新的生产要素和生产条件的"新结合"引入生产体系。它包括五种情况:引入一种新产品,引入一种新的生产方法,开辟一个新的市场,获得原材料或半成品的一种新的供应来源,新的组织形式。熊彼特的创新概念包含的范围很广,如涉及技术性变化的创新及非技术性变化的组织创新。

2. 数字产品创新:数字产品创新就是将数字技术融合到新的产品中,或者原有产品被数字技术所支持从而升级为新一代的产品。

3. 数字服务创新:数字服务创新指通过数字技术(即信息、计算、交互和连接技术的组合)的服务改善甚至重构原有服务的流程框架。

4. 数字组织创新:数字组织创新是指数字技术使组织结构和治理结构发生改变。数字技术的发展让人们越来越深入地理解,数字经济崛起是一个基本的趋势。

5. 数字商业模式创新:在酒店的商业化的过程中,数字技术的嵌入改变了商业模式,被称为酒店数字化商业模式创新,我们可以理解为用数字技术来改变酒店企业的价值创造、价值获取的方式,即改变酒店企业的商业模式。

任务小结 本任务通过对数字创新的定义和数字创新分类的四个方面即数字产品创新、数字服务创新、数字组织创新、数字商业模式创新的介绍,给学习者带来对未来酒店业的数字化创新的较全面的认知。并通过解释创新的核心含义来帮助学习者理解数字技术在酒店业创新发展中的重要意义。本任务内容尽可能地通过酒店的创新场景和业务实际来描述数字创新在酒店的实际应用和相应的在产品、服务、组织和商业模式上的体现,以帮助学习者理解和应用。

1. 酒店数字创新可以分成哪几类？简单介绍数字创新的相关创新内容。
2. 酒店数字创新的产品创新，可以归纳为哪几方面？
3. 酒店数字创新的组织创新，有哪些设计原则？

任务2　未来智慧酒店的建设

根据北京市旅游发展委员会发布的《北京智慧酒店建设规范（试行）》条例，智慧酒店运用物联网、云计算、移动互联网、信息智能终端等新一代信息技术，通过酒店内各类旅游信息的自动感知、及时传送和数据挖掘分析，实现酒店"食、住、行、游、购、娱"旅游六大要素的电子化、信息化和智能化，最终为宾客提供舒适便捷的体验和服务。

智慧酒店是以云计算、物联网及大数据等技术为支撑，基于相关平台与软件的智能软硬件技术赋能传统酒店模式，构建具有数据采集智能终端、智能大数据运营体系、数字化管理服务流程的一种酒店业态。智慧酒店拥有一套完善的智能化体系，通过经营、管理、服务的数字化、智能化与网络化，实现酒店个性化、人性化服务和高效管理。

智慧酒店的建设主要包括数字基础建设和数字生态构建。

一、智慧酒店数字基础建设——连接

在智慧酒店的数字创新过程中，数字基础设施是关键的连接和转换平台，数字基础设施的建设同时也会驱动新一代智慧酒店的产生。

首先，数字基础设施能够使数字产品在试验和实施中快速成型，同时不断的优化和重构也将促进数字产品创新在智慧酒店建设中的实施。此外，由于数字基础设施的边际成本较低，数字创新产品能够快速地迭代扩展，创新的过程效率会被提升。例如，用户在首次使用人脸识别的自助入住酒店设备时，通过前台服务人员和客户的互动使用，会使得一个前厅服务人员可以同时在多台自助入住设备上服务入住客人，而当入住客人能够便捷使用人脸识别的自助入住设备时，也会减少在入住高峰期的人员排队等待的现象，客人可以自助办理入住手续，从而解决了前厅服务人员效率的问题和客人排队等待的烦恼。

其次，数字基础设施的可供性和可重新编辑性为企业带来的快速迭代的创新模式相比传统集约管理的创新模式往往会更有效率和动态性，这也使得数字创新往往难以控制和预测。例如，在智慧酒店有机器人服务，这些机器人都是按照不同场景设计出的

不同用途的服务机器人,有客房服务机器人(包括日常的送物服务机器人,还有客房清洁服务机器人)、餐厅服务机器人(既有送餐服务机器人,也有烹饪机器人)、酒吧的调酒机器人,等等。

最后,当数字基础设施被很好地感知和理解后,企业能够创造出各种机会进行数字组织创新,形成新的组织形式(诸如虚拟小组)。

智慧酒店通过数字化与网络化,实现酒店资源与社会资源共享的管理变革。数字高新技术将为客人提供各种潜在、预先或超前的技术应用。智慧酒店拥有一套完善的智能化体系,它将渗透各个经营管理环节和服务的流程,提升客人的体验并实现低碳运营。智慧酒店的建设与发展最终体现在酒店的智慧经营、智慧服务、智慧控制这三个应用领域中。

(一)智慧酒店经营系统

智慧酒店经营系统以各类经营数据分析、计算模型构建为基础,给企业决策者、营销与销售一个新的经营技术环境,提供科学酒店经营决策。从酒店前端的营销流程上分析,智慧经营主要体现在网络营销、客源选择、销售渠道和收益管理等领域;从酒店现代营销途径与工具上分析,智慧经营融入酒店直营网站、酒店各种新媒体和第三方订房平台的综合销售渠道策略的制定与实施中。智慧经营更是和酒店有线网络、移动端的品牌宣传与新媒体销售相结合。酒店的智慧经营将是立体、全天候、多渠道、多平台的综合应用。

(二)智慧酒店服务系统

智慧酒店服务系统是以人工智能和移动信息技术为基础的新酒店服务模式,应用涉及酒店前台、房务、餐饮、宴会及酒吧等经营领域,目前主要体现在酒店移动端和智能机器人的应用,如大堂迎宾机器人、前台自助机器人、楼层运送物品机器人等。智能机器人的研发与应用,替代了酒店许多重复、低效人工服务,使人力成本降低,服务速度快。这些技术的应用既降低了重复的人工成本,也为客人提供了安全的非接触服务的体验。杭州某酒店 2020 年智能机器人完成服务共 56000 多次,运行里程 4700 多千米,其单日最高完成服务任务 220 次,运行里程 18.9 千米。

(三)智慧酒店控制系统

智慧酒店控制系统利用计算机管理、通信等技术,基于客房内智能控制器构成的专用网络,对酒店客房的安防系统、门禁系统、中央空调系统、智能灯光系统等进行智能化管理与控制。它能实时反映客房状态、宾客需求、服务状况以及设备情况等,协助酒店对客房设备及内部资源进行实时控制分析。智慧控制目前是应用发展空间最大的领域,其技术基础是物联网应用。通过数据采集、分析与反馈控制,酒店能实时控制运行的工程系统,使环境更加符合客人的个性需求。酒店工程控制在数据分析和物联网技术应用的基础上,对酒店工程系统进行测量和控制,达到控制的最优或次优的目标,展现出多个应用场景。目前研发的创新应用就是个性化地调整客房区域温度、湿度、吹风强度等。

二、智慧酒店数字生态构建——平台

数字平台(Digital Platform)指能够使外部生产者和消费者进行价值创造和交互,包含服务和内容的一系列数字资源组合。典型的数字平台及生态系统有交易平台、知识共享平台、众包平台、众筹平台、虚拟空间、数字创客空间和社交媒体等。智慧酒店的出现无疑是占领了酒店住宿未来发展动态的高地,面临的主要问题就是如何从金字塔的顶层逐步构建具象的分支体系,让全智能的酒店服务能够得到大众的肯定。智能酒店的大脑能够与现代传统酒店进行完美的融合,实现技术、创意共享,撬动旅游经济的发展。智慧酒店要求大量智能硬件设备互联互通,在人、产品、技术、空间、服务的多维融合下,构筑主动、无感、闭环的"全屋智能"场景体验。因此,酒店相关智能硬件和软件的研发和应用,就需要标准化的数字生态建设方法,以及在此基础上构建一个能够灵活定制、满足个性化的开放平台。

如图 5-2 所示,智慧酒店生态系统包含了从客人预订、入住、住中到离店的全生命周期的数字化创新。

图 5-2　第三代智慧酒店生态系统示意图

主要术语

1. 智慧酒店:运用物联网、云计算、移动互联网、信息智能终端等新一代信息技术,通过酒店内各类旅游信息的自动感知、及时传送和数据挖掘分析,实现酒店在"食、住、行、游、购、娱"旅游六大要素上的电子化、信息化和智能化,最终为客人提供舒适便捷的体验和服务。

2. 智慧酒店经营系统:智慧酒店经营系统以各类经营数据分析、计算模型构建为基础,给企业决策者、营销与销售一个新的经营技术环境,提供科学酒店经营决策。

3. 智慧酒店服务系统:智慧酒店服务系统是以人工智能和移动信息技术为基础的新酒店服务模式,应用涉及酒店前台、房务、餐饮、宴会及酒吧等经营领域。

4. 智慧酒店控制系统:智慧酒店控制系统利用计算机管理、通信、管理等技术,基于客房内智能控制器构成的专用网络,对酒店客房的安防系统、门禁系统、中央空调系统、智能灯光系统等进行智能化管理与控制。

5. 智慧酒店生态系统:智慧酒店生态系统包含了从客人预订到入住到住中和离店的全生命周期的数字创新,利用先进的数字技术将酒店内的诸多设备部署联合成为一个有机的生态体,通过互联网和物理网技术为酒店本身、客人和生态内服务的商家提供互赢互利、互相依赖的共赢环境。

任务小结

本任务介绍了智慧酒店建设中的数字基础建设和数字生态平台建设,在智慧酒店的基础建设上通过智慧经营、智慧控制、智慧服务三个应用领域的说明来体现数字技术在酒店的应用,并描述了智慧酒店生态系统的内涵,从而帮助学习者较好地掌握相关知识。

训练题

1. 智慧酒店数字基础建设在建设和发展中会涉及哪三个应用领域?
2. 智慧酒店数字生态构建会涉及哪些酒店场景?

任务3 未来酒店数字化运营人才

数字技术日新月异,互联网产业瞬息万变,也给人类社会带来无限可能。数字经济时代,社会不仅对 ICT 技术(信息与通信技术)人才的需求剧增,对各行各业人才的需求也发生深刻变革。在未来,酒店数字化人才的需求,也会随着数字技术和数字经济的发展,在酒店业的产业结构、分工模式、工作场景、管理模式的数字化转型的变革中产生变化。在步入数字化时代的同时,酒店的运营也将面临向数字化转型,数字化运营人才的培养与储备将成为推进数字化转型的关键。

这里所说的数字化运营人才不是指从事信息与通信技术工作的专业人员,而是指未来与数字化运营相关的酒店各个岗位的人员。这些岗位不仅包括新增岗位,还包括在工作内容上融入数字化技能的传统岗位。从酒店业的发展现状和趋势来看,具有数字化思维和信息技术应用技能几乎是酒店从基层到高层管理人员的基本要求。所以,一个合格的酒店管理人员必须是掌握一定的酒店数字化运营知识和技能的复合型人才。无论从理论上还是实践上,酒店业从业人员都要掌握其所在岗位数字化运营的原理和方法,并熟练使用相应的信息技术工具或者管理系统来完成工作。酒店管理专业更名为"酒店管理与数字化运营"专业顺应了中国酒店业在数字经济时代的发展要求。

酒店数字化转型过程要求酒店企业中各岗位的人才都具备一系列新的数字化能力,这样才能满足酒店数字创新的要求。酒店的数字化转型需要四类数字化人才。酒店既需要人工智能、大数据、云计算等领域的数字化技术人才,也需要具有数字化思维,能通过商业模式创新实现商业价值创造的数字化管理人才,还需要能够掌握新媒体传播、数字营销、收益管理、客户深度运营知识和技能从而帮助酒店开展精准营销和提升客户黏性的数字化应用人才;更需要能够将业务与数据结合实现业务创新、运营重构和业务决策的数字化领军人才。

一、数字化领军人才

数字化领军人才需要具备数字化战略、数字化商业模式、数字化人才与组织、数字化领导能力、数字化营销、信息技术的知识;同时需要具有使用数字化决策工具的技能;在人才素质方面具备通过"业务+数据"进行业务创新、运营重构、业务决策的能力。

二、数字化管理人才

数字化管理人才需要在数据形态、数据产生、数据价值方面具有很好的知识基础,并能够在数据指标体系、数据决策、数据可视化、数据看板的设计和建设方面具备很强的技能;对于不同管理岗位的数字化人才,素质要求也会有所不同,例如:市场渠道类人才需具备商品最佳销售地分析、选型分析、市场投资分析的能力;经营类人才则需具备业务与经营分析、风险预测分析、绩效分析的能力;生产运营类人才需具备设备特性分析、生产动态分析、运行优化分析的能力;客户服务类人才需要具备用户地图和行为分析、营销活动客户来源分析和细分的能力。

三、数字化应用人才

数字化应用人才同样需要在数据形态、数据产生、数字化转型认知、数据运营、业务流程数字化、收集历史数据的重要性等方面建设自身的知识能力；也需要具备办公自动化、数据处理、数据获取、数据应用、数据可视化、数据指标建立方面的技能；在能力素质要求方面则需要针对不同的应用场景具备以下素质能力，例如：按照模板自动生成报表，Excel 表格的批量操作，Word 文档的批量修改，海量数据的自动化拆分，增量税错账排查，小目标自动识别与预测，电话营销客户分析，各类业务经营情况分析，还款资金来源分析，信用卡反欺诈风控模型建设，客户投诉预警分析，直播、短视频、公众号应用。

四、数字化专业人才

数字化专业人才在数字化能力的知识要求上需要具备数据形态、数据产生、数据价值、收集历史数据的重要性、业务链条数据化细分、交叉、对比指标、问题、结构、逻辑目标思维等方面的知识能力；在技能要求方面则需要具备数据获取、数据处理、数据分析、数据可视化、数据挖掘、数据仓库搭建、数据解读、数据建模、数据指标建立等方面的使用技能；在素质能力上需要有 App 开发、小程序开发、数据大屏预测系统、智能运营、智能营销、智能生产等方面的建设经验。

我们根据上述数字化人才的分类，将人才的数字化能力按能力的要求总结为知识、技能和素质三方面要求，如表 5-1 所示。

表 5-1　数字化人才能力要求

人才类型	能力要求		
	知识要求	技能要求	素质要求
数字化领军人才	数字化战略 数字化商业模式 数字化人才与组织 数字化领导能力 数字化营销 信息技术	使用数字化决策工具	"业务＋数据"类型的业务创新、运营重构、业务决策
数字化管理人才	数据形态 数据产生 数据价值	数据指标体系、数据决策、数据可视化、数据看板设计和建设	市场渠道类：商品最佳销售地分析、选型分析、市场投资分析 经营类：业务与经营分析；风险预测分析、绩效分析 生产运营类：设备特性分析、生产动态分析、运行优化分析 客户服务类：用户地图和行为分析、营销活动客户来源分析和细分

续表

人才类型	能力要求		
	知识要求	技能要求	素质要求
数字化应用人才	数据形态 数据产生 数字化转型认知 数据运营 业务流程数字化 收集历史数据的重要性	办公自动化 数据处理 数据获取 数据应用 数据可视化 数据指标建立	按照模板自动生成报表 Excel 表格的批量操作 Word 文档的批量修改 海量数据的自动化拆分 增量税错账排查 小目标自动识别与预测 电话营销客户分析 各类业务经营情况分析 还款资金来源分析报告 信用卡反欺诈风控模型 客户投诉预警分析 直播、短视频、公众号应用
数字化专业人才	数据形态 数据产生 数据价值 收集历史数据的重要性 业务链条数据化细分、交叉、对比指标、问题、结构、逻辑目标思维等	数据获取 数据处理 数据分析 数据可视化 数据挖掘 数据仓库建设 数据解读 数据建模 数据指标建立	App 开发 小程序开发 数据大屏预测系统 智能运营 智能营销 智能生产

资料来源：《数字化人才与组织建设》，电子工业出版社。

主要术语

1. 数字化领军人才：通过"业务＋数据"实现业务创新、运营重构和实现业务决策的数字化人才，称为数字化领军人才。

2. 数字化管理人才：在数据形态、数据产生、数据价值上具体很好的知识基础，并在数据指标体系建设、数据决策、数据可视化、数据看板的设计和建设方面具备很强的技能能力，具有数字化思维，能通过商业模式创新实现商业价值创造的数字化人才，称为数字化管理人才。

3.数字化应用人才:能够掌握新媒体传播、数字营销、收益管理、客户深度运营知识和技能从而帮助企业开展精准营销和提升客户黏性的数字化人才,称为数字化应用人才。

4.数字化专业人才:具备使用人工智能、大数据、云计算、互联网等数字技术,能实现数据生产、数据开发的数字化人才,称为数字化专业人才。

任务小结

本任务介绍了未来酒店数字化人才的需求,从数字化领军人才、数字化管理人才、数字化应用人才、数字化专业人才四个维度详细介绍了未来酒店业对这些人才在知识、技能和素质三个方面的要求,为学习者思考自身职能发展提供参考,从而帮助学习者针对相应的能力要求来做好知识储备和技能训练,提高自身相应的职业素质。

训练题

一、自测题

1.酒店数字化创新可以分成哪几类?简单介绍数字化创新的相关创新内容。

2.酒店数字化创新的产品创新可以归纳为哪几方面?

3.酒店数字化创新的组织创新有哪些设计原则?

二、讨论题

1.酒店数字化产品创新对于客人而言有哪些实用性和吸引力?

2.酒店数字化组织创新对于酒店业从业人员的要求是什么?

三、实践题

对大型酒店连锁集团进行调研,找出其正在进行的商业创新,将调研结果在课堂上进行小组演示讲解。

教学支持说明

为了改善教学效果,提高教材的使用效率,满足高校授课教师的教学需求,本套教材备有与纸质教材配套的教学课件和拓展资源。

为保证本教学课件及相关教学资料仅为教材使用者所得,我们将向使用本套教材的高校授课教师赠送教学课件或者相关教学资料,烦请授课教师通过邮件或加入酒店专家俱乐部QQ群等方式与我们联系,获取"电子资源申请表"文档并认真准确填写后发给我们,我们的联系方式如下:

E-mail:lyzjjlb@163.com

酒店专家俱乐部QQ群号:710568959

酒店专家俱乐部QQ群二维码:

群名称:酒店专家俱乐部
群　号:710568959

电子资源申请表

填表时间：_____年___月___日

1. 以下内容请教师按实际情况写，★为必填项。
2. 相关内容可以酌情调整提交。

★姓名		★性别	□男 □女	出生年月		★职务	
						★职称	□教授 □副教授 □讲师 □助教

★学校		★院/系	
★教研室		★专业	
★办公电话		家庭电话		★移动电话	
★E-mail（请填写清晰）			★QQ号/微信号	
★联系地址		★邮编	

★现在主授课程情况	学生人数	教材所属出版社	教材满意度
课程一			□满意 □一般 □不满意
课程二			□满意 □一般 □不满意
课程三			□满意 □一般 □不满意
其 他			□满意 □一般 □不满意

教 材 出 版 信 息		
方向一		□准备写 □写作中 □已成稿 □已出版待修订 □有讲义
方向二		□准备写 □写作中 □已成稿 □已出版待修订 □有讲义
方向三		□准备写 □写作中 □已成稿 □已出版待修订 □有讲义

请教师认真填写表格下列内容，提供索取课件配套教材的相关信息，我社根据每位教师填表信息的完整性、授课情况与索取课件的相关性，以及教材使用的情况赠送教材的配套课件及相关教学资源。

ISBN（书号）	书名	作者	索取课件简要说明	学生人数（如选作教材）
			□教学 □参考	
			□教学 □参考	

★您对与课件配套的纸质教材的意见和建议，希望提供哪些配套教学资源：